U0569333

刘 勍 主编

非物质文化遗产学术研究
亲历者口述史系列丛书

刘魁立 口述

刘勍 编撰整理

刘魁立 口述史

中国文联出版社

图书在版编目（CIP）数据

刘魁立口述史 / 刘魁立口述；刘勍编撰整理. -- 北京：中国文联出版社，2023.11
（非物质文化遗产学术研究：亲历者口述史系列丛书 / 刘勍主编）
ISBN 978-7-5190-5364-2

Ⅰ. ①刘… Ⅱ. ①刘… ②刘… Ⅲ. ①非物质文化遗产—保护—工作概况—中国 Ⅳ. ①G122

中国国家版本馆CIP数据核字（2023）第221035号

口　　述	刘魁立
编撰整理	刘　勍
责任编辑	王柏松　牛亚慧
责任校对	赖书虫
装帧设计	春天书装

出版发行	中国文联出版社有限公司
社　　址	北京市朝阳区农展馆南里10号　　邮编　100125
电　　话	010-85923025（发行部）　010-85923091（总编室）
经　　销	全国新华书店等
印　　刷	三河市龙大印装有限公司

开　　本	710毫米×1000毫米　　1/16
印　　张	15.25
字　　数	162千字
版　　次	2023年11月第1版第1次印刷
定　　价	38.00元

版权所有·侵权必究
如有印装质量问题，请与本社发行部联系调换

《非物质文化遗产学术研究——亲历者口述史》
系列丛书

总 策 划：刘 勍
总 编 撰：刘 勍

专家委员会

顾　　问：刘锡诚
主　　任：白庚胜
副 主 任：邢 莉
成　　员：刘晔原　萧 放
　　　　　江 帆　侯仰军
　　　　　王锦强　白旭旻

2017年，刘勍与刘魁立先生的合影

2021年，刘魁立先生在云南大理白族自治州考察

2009年，冯骥才先生与刘魁立先生在研讨会后亲切合影

2009年，刘魁立先生在山西考察传统村落

2011年8月,刘魁立先生在俄罗斯旧礼仪派村庄

2023年,刘魁立先生受俄罗斯文化部邀请参加第九届国际文化论坛

2013年,刘魁立先生在国家图书馆开展"非遗保护"专题讲座

| 总序 |

沿着先行者的道路前进

2019年是中华人民共和国成立70周年,在举国欢庆祖国母亲70华诞的热烈氛围中,十分高兴和荣幸于此时推出《非物质文化遗产学术研究——亲历者口述史》系列丛书。

迈入21世纪,凝聚了无数人的心血和奉献的非物质文化遗产保护成为举国上下努力的伟大文化事业。为了体现国家对优秀传统文化的重视态度和支持力度,展现我国非物质文化遗产保护从无到有、从有到优的艰辛历程,本丛书以开阔的视野、翔实的资料、全面的内容,力求立足学术理论、口述历史、大家角度,为读者讲述亲历者宝贵的非遗保护经历和故事。

非物质文化遗产是历史文化的重要载体。加强非物质文化遗产的保护、研究具有提高民族向心力、促进国家文化繁荣的作用。希望本套丛书成为我国传统文化伟大复兴的见证,成为我国抢救、保护非物质文化遗产浩然事业的一部恢宏记录,成为我国五千年文明历史所遗留的优秀传统文化在当代传承、发展的图卷。在本套丛书出版之际，我谨代表为丛书倾注心血、殷殷期盼的口述人，以及给予本书理论支持的学术委员会所有专家学者，以此出版成果祝福祖国繁荣昌盛，祝愿祖国优秀传统文化事业永葆青春。

以往·当下

我国拥有5000余年深厚的文化底蕴，是世界上唯一保持文化传统不间断的历史文化古国。中华民族是一个由多民族融合为共同体的民族。黄河流域是我国文明的发源地，农耕社会是我国非物质文化遗产的摇篮。在这片肥沃富饶的土地上，优秀的非物质文化遗产滋养中华民族一代又一代生机蓬勃地成长。因此，保护、传承、发展祖先留下的文化宝藏是每个中国人与生俱来的责任。

党的十八大以来，习近平总书记多次提出弘扬中华传统文化的重要性。他坚信："一个民族的复兴需要强大的物质力量，也需要强大的精神力量。"2019年7月，习总书记在内蒙古自治区考察调研时，观看了史诗《格萨（斯）尔》说唱展示，并与《格萨（斯）尔》80多岁的非遗传承人亲切交谈。他指出，党中央支持和扶持非物质文化遗产，要培养好传承人，一代一代接下来、传下去。

中国传统文化是中国文化软实力的内在支撑。在国家层面重视传统文化的语境下，非物质文化遗产、民间文化等相关领域得到了空前关注。多年来，国家在优秀传统文化，尤其是非物质文化遗产方面重点部署、持续发力。之所以如此重视传统文化和提倡文化自信，是由于文化承载着历史，传承至今成为一种文化传统，基于其过程则称为传统文化，我国具有丰富而深厚的传统文化资源，这是中国人为之自豪的民族基因和取之不尽的祖传宝藏。非物质文化遗产具有无形的、可传承的性质，使它的生命与它被接受的程度紧密相连。保护非遗的目的在于传承和弘扬中华优秀传统文化，其最终指归是民众自觉、文化自信、民族自尊、国家自强。

多年的耕耘，使我国非物质文化遗产的保护成效显著、硕果累累。我国列入联合国教科文组织非物质文化遗产名录（名册）的项目共计40项，总量位居世界第一[①]。国务院公布了我国四批共计1372个项目的国家级非物质文化遗产项目名录。国家文化主管部门先后命名了五批共计3068人为国家级非物质文化遗产代表性项目代表性传承人。文化和旅游部在我国各地设立了7个国家级文化生态保护区。

随着我国非物质文化遗产保护工作的稳步推进，保护重点也在不断变化。近年来，非物质文化遗产保护的重点和难点在于：完善非遗保护的机制，加强非遗保护法制的细化，进一步加强非物质文化遗产的学术意义和学科建设……我国的学术发展和理论建设一向受到国家的重视。习近平总书记强调："必须高度重视理论的作用，增强理论自信和战略定力。"可见，非物质文化遗产保护更要考虑到振兴理论、复兴文化的时代重任，也有着迫切

---

① 截至2019年12月底。

需要和现实意义。

大家·传承

学术研究应该在现实发展之前沿统揽全局，对于"非物质文化遗产"这个"年龄小的老同志"来说，我国"非物质文化遗产"学科建设和学术发展需要更大空间的提升。这其中的很大原因是我国非遗的丰厚复杂，给学术研究增加了难度。非物质文化遗产是一个多学科交叉的学术领域，包含"民间文学""民俗学""民间艺术"等学科，我国的非遗理论专家也是从相应研究的学科和方向集合而来。若使非遗学术理论成为保护非遗的依据和支撑，需要加强学术研究、学科建设和涉及交叉学科的互动，丰富学术科研深度，才能更好地以理论指导实践。

新中国成立 70 年以来，老一辈传统文化研究专家、学者见证了非物质文化遗产的兴衰变迁，同时他们凭借自身的学术积淀、理论水平，促进着学科的发展。本丛书请到乌丙安先生、刘魁立先生、刘锡诚先生为访谈对象，他们是民俗学、民间文学、民间文化领域的著名专家学者，皆为国家非物质文化遗产保护工作专家委员会的专家，并都获得了"中国文联终身成就民间文艺家"荣誉称号，是公认的学术大家。他们凭借丰富的学识和深厚的底蕴，为非物质文化遗产的本土化落地实施建言献策，为非遗的学术理论研究做出重要贡献，是我国非物质文化遗产的学术奠基人。

参照我国已推出的非物质文化遗产传承人的概念，非遗传承人是指掌握非遗技艺,凭借自己的习得、经验和创新,传承非遗的人。站在研究的角度上,专家学者对非物质文化遗产的原理、规律进行剖析、研究,对学生和后辈的教授和指导,也是一种传承行为。所以,专家学者既是非遗的发声人,也是非遗的传承人。没有他们的呼吁和鉴定,非物质文化遗产不易被挖掘和保护;没有他们的研究和教授,后辈很难学习和领会到非遗的重点难点和其中奥义。作为研究者,我们的目光汇聚在传承人身上的同时,也应该投射到具有几十年研究经验的非遗学者身上。因为他们具有敏锐的目光和丰富的保护经验,他们是非物质文化遗产保护的呼吁人和先行者,他们为国家层面上的非遗保护建言献策,他们促进了非物质文化遗产更好地传承,通过对他们的口述史研究,能够进一步提高非遗保护的理论水平和实践高度。

缘起·始末

我在初出茅庐之时进入中国民间文艺家协会,得到了许多与学术大家、文化大家交往的机会。他们的帮助和提携,加速了我的成长;他们的谆谆教导,成为我人生成长过程中珍贵的养分。一直以来,我想将这种感受分享给更多的朋友,使更多年轻一代有听"大师说"的机会。所以我在心中埋下了"向大家学习、向经典致敬"的种子。

本书从 2016 年春节后开始策划,在未开展之前就得到了学界许多著名专家、学者的支持和帮助。2017 年初,在多方面设想和筹备下，开始了相关的工作。2017年4月，书籍项目组召开了隆重的启动仪式，成立了"专家委员会"。几年的成书过程中，为了保证书籍的学术眼界和质量，不断地召集学术研讨，听取专家的意见，及时修订书中内容。源于对本书的肯定，通过多家媒体跟踪报道，项目有幸获得了社会和学界的颇多关注。

前文谈过，非遗学者是非遗学科的亲历者，也是非遗的"传承人"，更是非遗学术的代言人。本丛书选定非遗保护、研究领域的老一辈专家学者乌丙安先生、刘魁立先生、刘锡诚先生为对象，我有以下考虑：

其一，他们是非物质文化遗产研究领域的学术大家，不仅是第一批投入非遗研究的人，也是非遗学科发展的见证者，拥有丰富的保护经验及前瞻性的理念和观点。他们的身份和意见具有重要的意义，他们为非遗保护做出的贡献应该被铭记。其二，也是重要且迫切的原因，这几位德高望重的学术大家均已到耄耋之年，我们将目光落在保护非物质文化遗产的同时，也要将目光落在保护非物质文化遗产的人身上。几位大家多年的学术积累是非物质文化遗产学术研究的主要铺垫，应该把他们的人生历程和学术思想记录下来，进行"抢救性"学术保护。

基于此，本书坚持以人为本，将研究建立于学者本身，围绕着他们的人生历程和学术思想，本着"忠实记录"的原则，以他们的理论高度和宏观视角为基点，以他们的研究成果和保护经验为着力点，展现他们的个人经历和学术历程，着重体现了他们参与非遗保护、研究的经历，以及非遗研究的学术观点和体会。结合文本资料，运用口述史学的方法研究非遗的学术历史和发展，总结和提炼具有现实意义的非物质文化遗产保护特点和传承措施。

本套丛书一共四册，约80万字。丛书策划别具匠心，既包含了几位学术大家各自的口述分册，也设置了资料文本研究的非遗学术分册。口述分册从他们各自的角度为读者讲述和介绍了我国非遗保护的艰辛历程和不为人知的故事，解答了很多非物质文化遗产研究的关键问题。学术研究分册总结了非物质文化遗产的阶段性发展，梳理了我国20年非物质文化遗产保护实践工作的历程。《中国非遗保护与研究20年》作为本套丛书的首册，意图起抛砖引玉之用，是对我国非遗保护实践20年的整体研究，对保护经验进行了提炼，既可以成为口述分册时间、事件线路的对照和说明，加深读者对我国非遗保护足够的了解和印象，也是本套丛书的导引，精确对口述史非遗学术研究的定位。而后重头戏是口述内容的分册。分册以刘锡诚先生、刘魁立先生、乌丙安先生为先后顺序，每人一册，清晰、全面地展现了他们不同的人生经历和共同的学术奉献。

本套丛书历时3年余完成，历经了多重困难和突发情况，可谓一波三折。口述部分文字展现给读者达50余万字，实际搜集、整理的口述资料则超过了60万字。本书最终的体量和成果，是我最初策划时不敢想象的。虽然丛书做到了和时间赛跑，及时采集了几位非遗大家的学术理论观点和保护经验，但十分遗憾的是，乌丙安先生在留下珍贵的口述资料后突然辞世了。他的离开是民俗学学界和非遗保护领域的巨大损失，更是本书的遗憾。虽然已经采集下乌丙安先生生前宝贵的非遗口述资料，然而我还是觉得着手太晚，为乌先生做的太少，所以唯有更加认真谨慎。《乌丙安回忆录》将作为他最后一本口述史遗留，虽然乌先生不能看到图书的出版，但我坚持推出，我认为这是他学术生命的延续。

几位学术大家饱含热情、一丝不苟，为本套丛书的质量和高度筑好了第一道关卡。我则是为这套丛书守卫的士兵，成书过程中，我经历了设想、计划、实施、整合、处理、编辑、研讨等阶段，事无巨细，不厌其烦。本着精益求精的学术态度和要求，秉持着不变的初衷，难度不断加大，要求不断提高，内容一再完善、补充，最大限度地提高了本套书的容量和质量，增强了可读性和学术性。在几位大家耐心的支持、帮助下，我努力坚持下来，克服重重困难，精雕细琢、呕心沥血，最终完成全书。

未来·我们

2000 年至今，由联合国倡导、各国积极响应的非物质文化遗产保护工作在全球范围内愈发受到重视。非物质文化遗产概念的出现使人们认识到，非遗与人类、非遗与自然、非遗与历史等范畴息息相关，非物质文化遗产的保护是人类发展进步的必要阶段，也将是长久的文化命题。放眼国际，我国是非遗资源大国，做出了中国榜样。纵观国内，非遗保护形式越发丰富，成果越发丰硕，并且，在非遗保护实践的推进中，各项方式方法、目标和问题被不断完善、强调、修正，未来前景一片大好。

经历了举国上下积极保护非遗的20年，非物质文化遗产在我国已经成为一个知名的文化名词，具有强大的明星效应。通过大力宣传、推广非物质文化遗产保护工作，带动了优秀传统文化范围内各种类别和形式的发展，如传统戏曲、曲艺、工艺等，使得"老传统"在新时代再一次焕发了生机，促使国人在非遗文化大潮中增加了对优秀传统文化的认识，提高了文化自信。

当下，我国正处在非遗保护的平缓期。进一步总结非物质文化遗产保护的经验教训，将是未来开展保护、发展非遗的重要工作之一。谈到发展，就要谈到两个问题，一是均衡，另一个是可持续。立足我国已经取得的非遗保护工作成绩：例如出台《中华人民共和国非物质文化遗产法》、建立起国家—省—市—县四级保护名录、命名了五批共3068人的国家级传承人、设立国家文化生态保护区等宝贵的有效的经验，在国家层面的大力推动下，我国非遗保护体系完成了框架性和结构性的建设，正在逐步进行内部支撑的锻造。虽然完成了方向和路线上的定位，但仍有不少还未注意到的、细节处的、遗漏的问题有待进一步细化和填补。找到问题才能解决问题，比如，涉及"民间文学""民俗"等门类和非物质文化遗产学术研究这种商业性薄弱但需要长时间投入、不能马上见效的范畴就处在保护"弱势"地位，更要增加关注度和保护力量。

非遗保护是一项长久的文化事业，要想不间断地延续下去，必须提前展望可持续发展态势。联合国教科文组织于2015年通过了《保护非物质文化遗产伦理原则》，成为近年保护工作关注的焦点。其从性别平等、尊重民族认同、保护非遗是保护人类共同利益等方面给予强调和确定，避免了实践中偏差和矛盾现象的产生。另外，可持续发展，还需要不断地扬长补短。我国非遗保护工作规模大、投入多、时间紧，不免暴露出缺陷和问题。未来，积极查找漏洞、调整措施，在保护方法和状态上完成系统化、全面化的治理和平衡。坚持按照正确的保护理念、运用科学的保护方式，方可实现非遗保护常态化的可持续发展。

结点·起点

在中国文学艺术基金的资助下，在中国民间文艺家协会的支持下，在学识素养俱全的专家学者指点引导下，在赤诚仁爱的师长、领导的鼓励帮扶下，本书得以顺利出版，在此一并感谢。长期承蒙大家炽热的期盼，如今图书公开推出，可谓苦尽甘来，我也完成了一桩使命。而我，诚惶诚恐，丝毫不敢松懈。图书的出版也许不尽完美，还望各界师友多批评指正。希望读者们在书中能得到启迪，能够在几位学术大家的口述之中有所收获。

之所以必须保护非物质文化遗产，是因其赋予我们的精神力量比物质给予我们的作用更大，其渗透给我们的是永久的、融入血液中的财富。在我国的传统思想中，尊师重道是中华民族的优良美德，向老一辈师长学习同样是获取精神力量的重要方式。乌丙安先生、刘魁立先生、刘锡诚先生是年高德劭的专家学者，是后辈学习者的榜样。丛书中他们的学术风范和治学态度，将是未来非遗人学习的典范。

人生一世，草木一春。学习是保持年轻活力的法宝。打造本书就是我学习的过程，使我受益良多。然而这套丛书的出版并不是终点，恰恰相反，这是一个起点，它将是"非遗学术研究——亲历者口述史"系列的开端。我认为，以"亲历者"的视角为非遗的学术发展做见证，为非遗保护实践做总结，可以推动非遗学术的进步和学科的建立，加固我国非遗保护的理论城墙。我会总结经验，整装出发，将这一系列形成品牌继续下去。

种瓜得瓜、种豆得豆，只有耕耘才能有收获。研究非遗是保护非遗的方式之一，希望越来越多的文化工作者和学术研究者汇入非遗保护领域中来，为非遗保护的理论建设添砖加瓦。我国的非物质文化遗产属于每一个中国人，需要民众躬体力行地主动加入到非遗保护中来，努力去守护。希望本书的出版促进年轻人向大家和前辈学习、看齐，做有情怀、有担当的新一代，接过接力棒，成为非物质文化遗产保护的实践者，继续为实现中华民族伟大复兴而努力奋斗。

刘　勍

2019 年 10 月初稿

2020 年 6 月修订

自　序

　　每个人的经历各不相同，都是在时代环境下社会进程多样性演绎的个性表现。每个人仿佛都有一定的主动性，但是这或许并不是形成个人经历的最主要的因素，也就是说，所谓的个人经历通常是"时势造人"的结果。总体的社会时势，周围的环境、所处的组织、群体，师友和同事，工作的性质对象内容和进程等等，才是个人经历的客观的、隐在的主角。

　　做口述史，我始终很被动，我以为自己说自己，往往不可能是客观的。或许，口述史应该讲述的是自己对于客观事象的认识；个人的事，最好请别人去说。所以，我觉得很为难。这也是我一拖再拖，没有及时完成任务的心理原因。

　　我生在一个复杂和急剧变化的时代。童年时代，看到的是外来侵略者统治的天日，不知道祖国的温暖。感念人民政权给我带来的新生活。从青年时代开始，我的知识、我的能力，以及我学习和进取的力量都来自于组织的关怀和培养。我个人的人生观、价值观是在这样的一种条件下形成的，它指导着我一生的进程。

我特别感念我的祖国和广大的人民群众，是他们教育了我、培养了我。能够为可钦可敬的广大民众，做一点该做的事情，是我今生今世最大的荣幸。民众生活、民间文学、民俗文化，以及它们所体现的文化传统，是我们创造美好新生活的坚实基础和永不涸竭的源泉。

我希望大家在读这一本个人述说的时候，仅仅是作为一个参考，谨请读者做出自己的审评。最后我要特别感谢本书主编刘勍编审的辛劳和贡献。

刘魁立

目　录
CONTENTS

第一章
我的学习经历

003　　初识民间文学
010　　留学苏联
015　　留学收获

第二章
工作经历

021　一辈子的事业
025　与中国民间文艺研究会
029　民间文学三套集成
031　中国民俗学会的成立
035　在少数民族文学研究所
038　如何转换角色

第三章
学术经历

043　民间文学的搜集要"忠实记录"
046　民间义学的表演性
049　利用多媒体采集民间故事
054　民间文学研究和现实意义
058　对多学科研究的涉猎
063　少数民族民间文学研究
068　民间文学的传承

第四章
传统文化与传统节日

075　　传统节日在现代
080　　春节和年
089　　二十四节气
096　　传统文化与非遗

第五章
非物质文化遗产保护历程

- 101 《保护非物质文化遗产公约》与非遗
- 105 非遗的共享性和文化认同
- 109 非遗的中国化保护
- 122 非遗传承人工程和抢救保护
- 127 非遗区域性和文化保护区
- 132 非遗进校园

第六章
非物质文化遗产学术理论

- 139　非遗的概念和问题
- 142　非物质文化遗产的三个特点
- 147　非遗的整体性
- 151　非遗传承人和传承
- 155　传承和发展
- 160　保护非遗的基质本真性
- 164　非遗的共享性
- 173　非遗是人类文化最大公约数
- 176　生产性保护和公产意识
- 180　非遗和中国使命
- 183　非遗与公共文化
- 185　非遗的学科化
- 190　学者贡献和学术发展

第七章
非物质文化遗产保护的作用和发展

197　文化自觉和文化自信

199　中国的非遗保护和民族觉醒

202　非遗保护和政府主导

206　问题和不足

210　成就和遗憾

213　进步与完善

220　后　记

我的学习经历

第一章

初识民间文学

问：刘老师您好，很荣幸邀请到您给我们分享您的非物质文化遗产保护实践经历。能否请您先谈谈早期的求学经历，还有您是如何走上民俗学研究这条道路的？

刘魁立：这得从 1949 年说起。1949 年 6 月末 7 月初的时候，我从一个小城市海拉尔来到了哈尔滨，找我的哥哥。他在哈尔滨一个区的区政府工作，当时叫"参加革命"。那一年我 15 岁，家里不让我走，因为两个哥哥都参加革命了，家里还有弟弟妹妹，父母都已经老了。而我坚持要去念书。在暑假期间我和两个弟弟就到一个做钉子的工厂做工。说是工厂，其实就是一间很小的房子，有一些从日本兵营拿回来的刺铁丝，要把它弄直，然后再一段一段地掐断，做成一个尖儿，再砸出一个帽儿来，卖给市民当钉子用。我是 1934 年出生的，一个弟弟比我小两岁，最小的弟弟是 1938 年的，比我小 4 岁。我们三个人临时在那个小作坊打工，挣够了我的车费，我就从海拉尔来到哈尔滨找我哥哥，希望能够让我在那里继续念书。

那个时候正是土改完了，刚刚安定下来，干部都是供给制。我哥哥没有任何经济来源，于是他和我说："你就住到区委后面的宿舍吧，交一点儿伙食费，在区委食堂吃饭。"就这样，我每天早上起来，到食堂拿一个高粱米饭团子，然后从宿舍走到哈尔滨市中心去上学。这段路大概有八九里地，每天都这样走。

我当时插班读初三，想初三读完之后读哈尔滨工业大学建筑系预科，以后做建筑工程。那时哈工大的预科招初中毕业生，两年预科连学俄语，再补习其他的文化课，最后进入本科。我很想在初三毕业后进入这个预科学习。

为什么想学建筑呢？我原来在海拉尔生活，那儿没有高层建筑，当时只有两栋楼，一栋是日本建的一个小学，一栋是政府的机关办公楼。一到哈尔滨，我就被哈尔滨的建筑吸引住了，我就想，将来我要盖房子，搞建筑。可是，就在1950年我毕业的时候，哈工大不再设预科了，我就去读高中。

我就读哈尔滨一中的高中，没有经过考试，是保送的。我是新民主主义青年团（即后来的共青团）的团员。所以，到了十月份的时候，很多晚上我都要去炒面。白面放到一个大锅里，锅很大，用铁锹翻着炒，炒好后晾凉装袋送往抗美援朝前线，再装到那种很细很长的面口袋里，就是战士们背在身上的那种。在这期间，属于中国人民解放军第四野战军的、由刘亚楼建立的哈尔滨俄语专门学校，为培养抗美援朝急需的俄语翻译，就到我所在的高中选学员，我被选中，1950年11月5日，我16岁就进入了哈尔滨俄语专门学校。

这就是我为什么学了俄语，实际是服从国家的需要。

1953年，我从哈尔滨外国语学校毕业。那时苏联专家比较多，很多同学分配到各个部委去做翻译，有分配到外交部的，有分配到粮食部的，有分配到第一机械工业部、第二机械工业部的……

我一直等到最后，校方告诉我：留校。所以，在我19岁的时候，就开始当教师，教俄语语法。过了一年，我被选中成为留学生。先要到北京石驸马大街（今新华文化街）的北京俄语学院（简称俄专）留苏预备部学习，转年就进入莫斯科大学学习。早期学习的经历大概是这样的，1953年从哈尔滨外国语学校毕业，1954年教书，1954年到1955年在俄专学习，1955年到了莫斯科大学，从此以后就完全进入到一个新的学习领域。

最早的时候，我是作为研究生被送去莫斯科大学的，专业是俄语教学法。但是我觉得自己的基础知识、文化课程，都学得还不够，于是提出申请，经过使馆和国内同意，改成了大学生。

我当大学生有一年多到两年的时间，当时最喜欢的课程是古典文学，从古希腊、古罗马到中世纪，一直到文艺复兴，再到后来启蒙运动时期的古典文学，收获非常多。这期间我发现大学生的很多课程我已经自学过，还算熟悉，于是我就要求转回到研究生，学校也同意了。那就面临重新选择专业的问题，我选了俄罗斯的民间文学专业。这大概是决定后来一生道路的一个关键点。

学民俗学，以及后来从事这方面的工作，和最早那几次跟着导师下乡有关。我最早的导师是苏联非常有经验的权威学者契切洛夫，他在莫斯科大学做研究室主任，还是当时为数不多的社会主义阵营的几个国家的特聘院士，但他于1958年就去世了。之后我就跟随波梅兰采娃教授学习，她是苏联俄罗斯故事学研究方面的权威。

我的论文也是在她的指导下完成的。学习初期她问我究竟是做中国的题目，还是做俄国的题目，我说："我既然在苏联，当然做俄国的题目，一是您便于指导，二是对我来说这也是一个很新鲜的对象。如果我做中国的题目，您也不是特别熟悉，我自己也未必有那么深的了解，所以是不太合适的。"后来我做的就是俄国的题目，是关于1861年的农奴制改革在民众的口头传统中有什么反映，改革前后对民间故事会有什么影响。这大概就是我早期的故事。

问：您再回忆一下您的导师，还有在您调查和论文写作过程中，有没有印象比较深刻的事情？老师的指导，对您后续的研究产生了哪些影响？希望您谈谈这些方面的事情。

刘魁立：我在莫斯科时最早的老师是契切洛夫，他的全名是弗拉基米尔·伊万诺维奇·契切洛夫。他是当时整个苏联民间文学研究领域的领头人，有点儿相当于我国的贾芝或者钟敬文先生。

最早跟随导师契切洛夫教授学习时，我问他："您做这方面的研究，在这方面有没有诀窍，有什么方法？"他说："这东西我也想找，可是我也不知道在哪里。你问到了这个问题，我就告诉你一个方法，我给你几本书，你看了这几本书之后就会根据这几本书找到另外的书，你再看那些书，之后又会找到另外的书，这样你的知识就逐渐变成一张网，诀窍或许就在那里。"他这些话里的方法也是后来我自己一直重复做的。这就是告诉我要认真读书，认真思考书里提供的那些思想、那些内容。他特别强调，自己要多想。他是1958年5月去世的，我跟了他一年。

契切洛夫去世后，我就跟随波梅兰采娃教授学习。她和我母亲是同年，1900年生的。我和这个导师关系特别好。大家都知道，沙俄时期，在伏尔加河、顿河一带居住有不少日耳曼血统、犹太血统的人。在莫斯科、彼得堡的学者中间有相当一部分是犹太人。后来以色列为什么吸收了那么多的俄罗斯人，就是因为大量的俄罗斯犹太人移居以色列。所以，到了以色列你可以不懂犹太语，只要会说俄语你就可以在那里生活。我的这位导师原先姓霍夫曼，就是自己娘家的姓，她后来嫁给了波梅兰采夫，是一个很有名的导演，于是改姓波梅兰采娃。

每一次出去调查之前，都要先做好准备工作。要到哪里，住在哪里，走哪几个村庄，这些都要先弄清楚。通常在假期考察之前这个时候，学生们正值考试期，差不多有半个月的时间，要经过期末联考。这一期间各个科目的考试十分辛苦。但我是研究生，这期间没有考试。导师带着我早5天或者一个星期到各处去先期安排。我记得很清楚，一次到弗拉基米尔，那是一个非常古老的城市，现在有很多的旅游者到了莫斯科之后，一定要到另外的一个小城市去参观，就是弗拉基米尔。那里的旧教堂特别多，古迹也特别多,有时候我们还要到教堂去。平常我穿着靴子,冬天的时候我会穿一个长长的棉大衣。因为那个时候在苏联的中亚或是西伯利亚,也有一些少数民族的人,相貌与中国人相近,所以很难看出我是中国人,很难分辨。到了教堂里面,我们就在那里参与祈祷仪式,完了之后,牧师会拿着一个盘子来敛一点布施,我的导师有时候也会拿出钱来。出来的时候,她跟我说,这是为了修这个教堂捐的钱。

波梅兰采娃老师,无论在调查方面,还是在研究方面,都非常有见识,也有自己的思想。比如说,像民间故事的定义,大家到今天还都将她做的定义作为一个经典来引证。或者是即使不同意,也需要把她做的定义拿出来引用,作为学术史里的一个关键节点来认识。在生活中也有一些有趣的瞬间。有一次,我们走在路上,导师她突然跑起来,我就问她:"您干吗跑?"她说:"你没看见前面有一只黑猫?不能让它在我面前走过去。"她在一些地方还遵循着原来的俄罗斯的旧传统,认为黑猫不吉利。她授课和待人都非常亲切,所以学生们都特别喜欢她。她在组织考察队伍的时候,很多人喜欢跟着她一起下乡。因为经常在一起,我们这些考察队员相互之间就成了很好的朋友,比如,2016年年末去世的斯米尔诺夫教授,后来成为巴尔干地区的民间文学研究院的专家。立陶宛的尤拉·诺维柯夫和布洛尼娅·凯尔别莉特黛夫妇。我们那时候都在一起考察,直到今天,我们和很多人还是非常要好的朋友。他们都有相当不错的建树。比如,尤拉·诺维柯夫和布洛尼娅·凯尔别莉特黛两个人是立陶宛民间文化界的权威。尤拉·

诺维柯夫研究巴尔干的民族，他在民族文化方面的建树也挺多。还有一些人，现在偶尔也能凑在一起，我们还有一些交往。我们这些人当时都是在波梅兰采娃导师的羽翼之下的年轻学者。现在我们都老了。

在调查的时候，我们很快就能和采访对象建立起非常友善的关系，彼此之间没有隔阂。在调查的时候，有段经历非常有意思，就是在做唱歌笔录的时候，两个人分工，一个人记第一行，第二个人记第二行。采访故事的时候，就没有办法了，得自己记。那时候刚开始有录音机，我们就背着录音机来操作。每回调查结束后回到莫斯科，我们几个同学相约凑到一起，先到一个咖啡厅，大家会一起来研究，说好什么时候做汇报，每个人都准备些什么节目，等于是一次汇报会之前的小小预备会。一般是回来的第二天做这件事情，每一次都是这样。然后，选定一个日子，在一个学生的家里做汇报，把教研室的其他教授都请来，其他同学也可以来。考察队的人做汇报，同时表演一下在考察过程中间的那些滑稽的、有意思的场面。非常有意思。

留学苏联

问：那个时期苏联文学研究的整体情况是怎样的？苏联的教育体系里面，民间文学跟民俗学、人类学，大概占据什么位置？苏联这种教育方式对后来中国的整个学科建设，在哪些方面产生了影响？

刘魁立：当时中国的情况是学习苏联，以建立我们自己的教育制度，其中就涉及这些领域，比如说民俗学、社会学、民间文学。关于课程的设立以及学科之间的相互关系，我只能说一说当时莫斯科的情况。

我印象比较深的是1958年，当时召开过一次世界范围的斯拉夫学术会议，是专门研究斯拉夫传统的一个会议。参加会议的人，既有从捷克斯洛伐克和匈牙利等社会主义国家来的，也有来自美国、英国、法国、德国等西方资本主义国家的。这次会议涉及的学科领域非常庞杂，包括民间文学领域、民俗学领域，还有历史学、社会学领域。我的导师每次都带着我去参加研讨会。我记得每个参会人都有一个装会议材料的邮箱，我也有一个，每天都有新的材料在里面。那个时候的这种学术交流非常好。当时在莫斯科，有时候会请列宁格勒的人来这里讲学。有三个单位关系非常好。一个是作家协会，有专门的民间文学组；一个是科学院的高尔基世界文学研究所；再一个就是莫斯科大学。与其他几所大学之间的关系不是很密切。我所在的莫斯科大学经常召开学术会，其他两个单位的人就会过来。在那两个单位召开学术会，我们也会经常过去。差不多每半个月总会有一次，有时候一个礼拜就有一次，有的时候学术会多一些，有时候不那么多。比如放假期间，基本就没有了，但平时学术会是很多的。我记得非常清楚的，是在第一位导师过世之前曾经专门讨论过几部电影，包括《三勇士》影片研讨会，这是俄罗斯民间史诗搬上银幕的一个作品，就其拍成电影有怎样的影响，专门开的一次研究会。另外，有时专门有人提供故事家方面的问题，或是请某一位学者做一个学术报告，然后大家讨论。

那个时候，可能是我学到东西最多的时期。二十二三岁的年轻人，就像海绵，一下子接触到那么多的知识，每一回的收获都特别特别多。看书也是这样。研究生都在列宁图书馆借阅图书，这个图书馆就是后来的苏联国家图书馆。那里专门有一个供教授看书的地方，我们就在那里看书。有时候可以借十几本，二十本。你今天看完了，明后天再去的时候，这些书籍资料还收在那里，他们会给你保管。

问：那个时期苏联的民间文学研究有没有什么时代主题？或者大家共同关心的问题？因为苏联也是一个举国体制的国家，民间文学在他们的社会思想层面有没有共同的、很受关注的时代主题？就像我们今天的非遗，或者说关于传统文化等，有没有类似这样的一些讨论？

刘魁立：应该这样说，在我去之前，高尔基还在的时候，有几位非常重要的文化方面的领导，他们在讲话里面会谈到这些问题，对于民间文化给予特别的重视。那时候高尔基说话还非常有分量，专门发表了一个关于民间文化的讲话。有些人听到这些特别兴奋。

过去这方面的研究虽然在苏联受到过某种重视，但始终没有很重要的地位。但是从那以后，地位就比较高了。比如说，在高尔基的引领下，曾经做过一个很长时间的口述史。口述史这个事情，实际上他们做得相当早。那时候主要是为了提升这些人的社会地位。他们专门有一个机构叫文学档案馆。很多的记录资料存在那里。现在，我们去文学档案馆还可以查到我们当时的一些记录，如考察的故事集。

有时候，一次考察不行，就两次、三次去考察，回来之后，把这些材料汇集在一起，整理出一个地方的故事集，如沃罗涅日州故事集、弗拉基米尔故事集。我参与做田野调查的地方也挺多的。每一次去我们都组成一个组。有一次，组里的一位历史系的小伙子，后来做了苏联科学院社会学科的学术秘书，他调研的是单纯的民俗，带有社会学的成分。比如，他研究房子的建造，灶是什么样的，他们在这里做饭，上面还可以睡人；收入怎么样等。这一切都是社会调查。我们基本上就是把收集到的故事、歌谣等进行整理和记录。另外，还有一些语言学方面的调查。

至于那个时候大家特别关注什么题目，现在说不清楚。因为每一个人、每一个学生、每一个研究者所关注的题目都不一样。另外，每个教授都有自己的研究方向。有的是非常宏观的。我知道一个人他叫阿尼金，专门研究革命民主主义者。我个人感觉，总体来说政治的视角比较弱，涉及艺术层面的东西非常多。当时所谓意识形态方面的研究也有，但是应该说是很弱的。

问：据我们所知，您留学时收集到的一些故事也收录到当地的一些民间文学作品集，进入了档案馆。能不能挑几个比较有代表性的介绍一下？

刘魁立：现在几乎记不太清了。我记得有一次我们是到卡累利阿芬兰去做调查。当时的调查队的主旨，是沿着沙俄时期民间文化学者基费尔金的足迹进行重复调查。基费尔金出版过很重要的关于俄罗斯史诗的书。他做调查的时候，史诗还是存在很多的。我们去卡累利阿芬兰，也想在这方面有所收获。结果这次调查在史诗方面基本上没有什么收获。我们去调查采访的时候，当地人说以前听说过，但是现在已经再也没有人去理会这些了。这次调查，走了很远的路，才能遇见一家人家。我们来到这家，只有一位老太太接待我们，当时我穿着靴子，跟我同行的人告诉那家的老太太说："他是中国人。"老太太说："不可能！中国人都是小脚，他是小脚吗？"我说我不是小脚。我当时穿着靴子，脱给她看。那个年代的那些人，对外面的世界了解得非常少。

时光飞逝，当我们准备采录史诗的时候，才发现史诗已经基本消亡了，非常快。基费尔金是在20世纪以前收集的，等到我们去的时候已经是20世纪50年代，已经完全没有了，半个世纪就消亡了，只偶尔有一点儿片段，也只是三句两句，比如"三勇士"，基本上就等于在课本上出现的、孩子们在课堂上学习的一个历史现象。

除了史诗外，当时还记录了一些民歌。许多地方有民歌，其中的一种叫长调。如果了解蒙古人的歌曲就知道，蒙古族有长调，俄罗斯也有长调，同时俄罗斯还有快板的民歌，叫"恰斯杜什卡"，"嗒嗒嗒嗒嗒，嗒嗒嗒嗒嗒"就是这样的节奏。这种四句头快板民歌非常多。

他们的故事相对比较成型，是因为他们不断地讲。语言的逻辑、故事的结构，很少有前后颠倒的情况。他们在长期讲述的过程中越来越熟练，很牢固地记住了。我的《民间故事搜集工作》那篇文章，就是我第一次考察回来后的感受。那个时候，我们跟着一个故事家——卡列里柯娃一块去到她的家乡考察，这位故事家的名字在《苏联大百科全书》里有条目列入。

留学收获

问：您回国后，有没有继续关注苏联，以及后来俄罗斯民间文学的一些动向？您觉得几十年过去了，他们的民间文学有没有发生什么比较大的变化？

刘魁立：我自己感觉，我在莫斯科学习的那一段时间，苏联老百姓的生活都是非常祥和，人们的精神面貌也是很好的，学术领域也是最繁盛的。后来就与日俱下，越来越差了。直到今天，我再去问，都说现在不可能有人讲故事了。前几年我因为另外一个课题去做调查时，想听他们讲故事，就没有了。所以，情况是非常糟糕的。至于研究方面，稍微有一些衰落。现在恢复了几个杂志，比如《古史今存》，这是在沙俄时代就有的老杂志，现在又恢复了，我也发表过文章。另外，新出了一本杂志《传统文化》，我是编委。但是理论建设与过去相比较就显得弱了。不像过去，过去曾经有一段时间理论建设是比较蓬勃繁盛多有建树的。所以，现在给我个人的感觉，好像有些萎缩，有权威的研究者很少，有影响的著作也不多。

问：您在苏联的这段留学经历使您印象深刻，具体对您后来在国内的一系列研究以及很多概念的提出有着怎样的一种影响呢？

刘魁立：我想可能会在几个方面有影响。第一个，应该实实在在，别说空话。这大概是潜移默化的过程。就是一定要经过自己非常认真的思考，才能去说。第二个，就是能不断地深入实际。第三个，问题意识，就是做什么事情，一定要先把问题抓好，清楚它的核心在什么地方。第四个，就是应该有自己的建树。当然，这个建树是勇于追求的，不要老是重复别人。自己应该经过思考提出一些新的认识，哪怕这些新的认识是错的，但是，要详细论证。第五个，我觉得那些学来的东西，要吃透，要消化，纳入自己的体系。就是要把你的某一个想法放在一个结构里面、一个系统里面，去看它的对错，而不是就事论事。大体上，我做论文，平时谈话，工作习惯与当初还是有关系的。

问：您觉得留学苏联和学习民间文学的经历，给您最大的人生收获是什么？

刘魁立：我想从三个层面来说，可能说得比较清楚。当离开了你自己周围熟悉的人，离开了自己的亲人，离开你所生、所长的这片土地，到一个陌生的国度，尽管大家对你也好，但是那种爱国的情感，比在家的时候要强很多。因为那个时候，没有那么强调国的概念，只有你到了另外一个环境里面，另外一群人中间，你才感觉到中国才是我的国。所以，这种爱国的情怀当时很强烈。体现在一个具体的细节上，虽然在出国的时候给我们配发过西装，但是我一直穿中山装，包括在各种场合，无论是学习的时候，还是在正式的公众场合，我一律穿中山装，强调我是中国人。这是第一个特别的感受。第二个，我就觉得在那个时候，我不能不好好学习，因为我背负着重托，今后要对自己的国家、自己的民族、派我出来的组织负责。第三个就是具体在学习方面的一些收获。当时我特别关注哲学，努力要有宏观的认识，同时要在一个问题上深入下去，努力在原来知识成果的基础上有新的开拓。

工作经历

第二章

一辈子的事业

问：您留学结束以后，如何开始工作的？1956年、1960年的时候，您做过很多国内的田野调查。希望您从这些方面谈谈。

刘魁立：留学期间，我1958年回国参加了"民间文学工作者大会"，当时正逢"大跃进""新民歌运动"。在这之前，我写过一本《谈民间文学的搜集工作》，谈到了"忠实记录"问题。后来，在1958年的一次会议上，碰见了我评批的董均伦前辈。看到我这么年轻，他表示很惊奇。当时我将满24岁。就在这个时候，我和当时的民研会（中国民间文艺研究会）建立了很好的联系。我记得民研会领导人贾芝和他的夫人李星华（李大钊的女儿）在北京金鱼胡同的和平饭店找我谈话。贾芝当时就说让我学成之后到民研会工作。

1961年回国。到了该分配工作的时候，还说过这件事情。但是我回来之后，我们学校（哈尔滨外国语专门学校后来改为黑龙江大学）校长就找了周扬同志。周扬同志那时领导社科院，当时叫做哲学社会科学学部，他让社科院负责的同志和我们学校协调。后来，组织部就找到我，问我的意见。我表态说，服从组织分配。

分配之后，负责的同志就拍桌子说："你这位小同志，我们为这个争取了好长时间，结果你一句话，就把这事说没了。"就是说我是留在北京还是回黑龙江大学，就看我的个人意愿，如果我要留在北京，当时的哲学社会科学学部已经在做工作了。但我们校长要我回去，于是我就回到了黑龙江大学。

学校希望我到俄语系。我说如果那样，等于我完全变成教语言的。我说我希望到中文系。于是到了中文系就开始讲民间文学。

在这期间，我基本上是按照自己的想法来讲课的，不是光讲我国民间文学的具体内容，我还讲整个民间文学的发展历史，比如神话学派、流传学派、人类学派。基本上是这样讲下来的，带有一点世界民俗学史的味道，要比一般讲述的故事、传说、史诗、定义什么的讲得多。所以，我在备课期间非常认真地做了这方面的准备，做了许多功课。

讲了两轮之后，全国都一样，民间文学课被取消了。我去讲另外的课程。当时我和周扬的儿子周艾若两个人负责一系列课程，叫作"当前文艺评论"。我比较关注理论、关注马列主义经典著作关于民间文学的论述。这期间我编了《马克思恩格斯列宁斯大林论民间文学》。我曾经编过两本马恩列斯论民间文学的辅助材料，后来都印出来了，其中包括《哈格纳斯写给恩格斯的信》。恩格斯为什么给哈格纳斯写信？是因为哈格纳斯先给恩格斯写了信，恩格斯回信。于是我就把哈格纳斯给恩格斯的信找出来，把它翻译了过来。

前面我说过，我比较关注理论的来龙去脉和它的系统性，与这些都是有关的。过去没有这些材料的中文版，我就进行了翻译。比如《列宁年谱》、拉法格的《母权制》，在某种意义上说，这也是一种理论建设。20世纪70年代，"批林批孔"运动，讲法家，经组织安排，开始讲古文选读。等到70年代后期，贾芝、王平凡、毛星几位前辈让我赶紧到社科院报到。

在这之前还有一段经历，我曾经在人民文学出版社，也叫作家出版社①，去协助做一件事情。20世纪六七十年代，许多译过的书，包括像梅益翻译的《钢铁是怎样炼成的》不能再出版，而当时又没其他的书，所以要重新翻译，重新出版。这样就要重新换一些译者。于是就让黑龙江大学革命师生重新翻译，我又成为这些革命师生中的一员。新版的《钢铁是怎样炼成的》前言是我写的。人民文学出版社和当时贾芝、李星华家只隔着一条胡同，我就经常去看他们。

那个时候，他们说要恢复文联系统的民研会，重建社科院的民间文学研究室。想把我调到社科院，学校不放。学校成立了一个苏联问题研究所，要我去当所长，我不同意。这个时候，社科院派人到学校去商调。最后学校的校长说："商调我们不放，有上级的文件就行。"后来他们就去找周扬，最后就调成了。

---

① 1960年，作家出版社并入人民文学出版社。

70年代末,在云南先开了一次会,是关于整个社会科学发展重建的一个规划会。那个规划会,我也参加了。12月开的会,1979年"五一"前,我就调到北京。

1979年正好是五四运动60周年。上班的第二天,社科院在民族饭店召开了一次五四运动纪念会,当时顾颉刚还有其他一些前辈都在。从此以后,我就在社科院的民间文学室工作了。过了一段时间,开始在民间文学室做室主任。大概又过了一年多,就调到了少数民族文学所做所长。做所长的这段时间,接近十年。后来在少数民族文学所《民族文学研究》学术刊物做主编,大概有四年。在我差不多64岁的时候,就彻底不再担任职务了。因为我在所长退休的时候就要求把我主编的职务撤了,但当时找不到合适的人,没有办法,于是就在那里又干了大概四年。撤出来之后,钟敬文先生就约我到北师大,大概又干了四五年。这期间,我带了几位研究生,包括叶涛、尹虎彬、巴莫曲布嫫、施爱东、林继富、张雅欣。有几位是钟先生招收在名下,后来转给我的。我在学术和教学领域里大致的经历就是这样。

与中国民间文艺研究会

问：您和民研会有着不解之缘，能给我们讲讲吗？

刘魁立：中国民间文艺家协会最早的时候叫中国民间文艺研究会，我们通常简称"民研会"。民研会做了非常多的工作。中华人民共和国成立以后，组织出版了一大批书。这些资料如果现在好好进行整理的话，是很珍贵的财富。

一开始的路线总体说来是不错的，当然也是由于我们对于问题的认识和社会的需要，在"整理"这个问题上，强调得多了一点。但大体上还是遵循了一个原则，就是基本上能够反映历史状况。虽然并不细致，并不真切，而且那里面有一些政治和时代的要求，应该说影响还不是很大，是能够看得出来的。

二十世纪70年代末，民研会一旦要恢复，就特别复杂。在这期间，我曾经参与做过一些事情。自从我被调到文学所民间室，就经常在贾芝的家里参加这样的会。当然,我是作为一个小字辈来旁听的,偶尔也参与一点儿意见。基本上是他们这些老人们在讨论。贾芝、毛星、王平凡,这几位是主干。我是刚刚到社科院的,所以参加的机会就特别多。因为民研会的事情有时也在社科院研究讨论。当时两方面是统一的领导,都是由贾芝、毛星、王平凡等人负责。至于其他人,包括其他的学者,基本上是在组织的统筹下工作的。当时想让我去主持学术性期刊《民间文学论坛》,这是一个非常重要的阵地,我挂名第一任主编。我的一篇关于索引问题的长文,就是在《民间文学论坛》创刊号发表的。这件事是怎么引起的呢?在这之前,日本来了一个学术交流代表团。他们来了以后提出了一个问题:可不可以合编民间故事的类型索引?提出这个问题之后,我们这边还不十分了解什么是"类型",所以不知该怎么回答。旁边的几个人捅捅我,让我说。于是我就说,我们的任务现在特别重,百废待兴,我们有那么多的故事需要去搜集,至于搜集之后的工作,比如说,研究具体故事类型问题等,那是以后进一步要做的,也还是后话,当务之急是搜集。就这样马马虎虎地把这件事情都推了,等于一个软的回绝。大家问那个所谓的类型到底是什么,我说,好,我写一篇文章给予解答。那篇关于类型索引的长文就是在这个背景下写成的。

在1979年的七八月份的时候,召开了"民间歌手座谈会"。在这个座谈会上,实际上是把过去被批判的那些人,重新确定为民间文学传承的代表。他们是有功之臣,给他们恢复名誉。1979年10月底,召开了文代会(第四次中国文学艺术工作者代表大会）。在这次会议的各个分组会上，明确了协会都要重新恢复。贾芝同志在这次会上做的报告是我参与起草的，这是当时我在民研会做的一件最重要的事。

问：那么，您在民研会具体担任过什么职务？有哪些深刻的记忆？

刘魁立：我在民研会做过理事，做过书记处书记。书记处当时是一个具体办事机构。我记得我做书记处书记的时候，还有廖东凡、陶阳等其他几位书记。我后来被选举做副主席。在钟敬文钟老、冯元蔚任主席的时候，我担任副主席。后来因为冯元蔚主席不在京，副主席中在京的只有我一个，所以大事小情我就参与得比较多。开会的时候，许多事情需要有人来拿主意，大家就把我推到那个位置上。

大概有几件事情是记忆比较深的。最重要的是民间文学三套集成。这项工作应该说是干得轰轰烈烈，是重点。当然也有其他的一些事情，比方有几次理论的评奖。最早的中国民间文艺山花奖雏形就是那个时候开始的。在比较早的一段时间，民研会和地方民研会的关系比现在要密切得多。很多的调研、指导等下基层的事情，也是比较多的。

1982年，民间文艺研究会召开会议，同时研究布置开展三套集成的具体工作。我记得清楚，是在八大处的一个小屋里商定具体执行步骤，安排人手协助前辈们。我是研究故事的，所以就被安排做故事卷的副主编，主编是钟老。贾老做歌谣卷主编。马学良先生做谚语卷主编。这样就形成了三套集成。

民间文学三套集成

问：我认为民间文学三套集成是民间文化的伟业。请您具体讲讲三套集成。

刘魁立：三套集成的来由大致是这样的。当时是中国大百科全书出版社姜椿芳总编辑组织全国学术力量编撰《中国大百科全书》，我们也参与了《中国大百科全书》有关门类的工作，我担任了一个门类的副主编。在编撰第2版时，我担任一个门类的主编。和当时这项工作并行的，就是时任文化部副部长周巍峙主持领导做的七套民间文艺集成志书。而我们做三套集成是贾芝、王平凡几位前辈给中宣部呈送报告，中宣部批的。

这是三套集成的来由。三套集成是国家民委、中国社会科学院、中国民间文艺研究会共同申报的，中宣部批的。现在在国家档案宣传资料部分，应该找得到那个报告。后来在出版的过程中，遇到一些困难，没有经费。周巍峙同志来到民研会，提议干脆把三套集成和七套集成并起来。并起来的时候开了会。周巍峙亲自跑到太仆寺街，接了钟敬文、贾芝、王平凡和马学良，当时我也在场。这是开的第一次会，商定了这件事情，所以后来就并进去统一开展工作了。

三套集成和七套集成并在一起后，成为《中国民族民间十部集成志书》，其中做得最好的是故事卷、歌谣卷和谚语卷，因为不仅有国家卷，而且有的甚至有地方卷。有的省的地方卷，工作细致认真，符合要求。比如浙江省各地县加在一起大概出版了九十几卷。

问：这个工作，持续了多少年？最后是在哪一年完成的呢？

刘魁立：这个工作，前前后后加在一起，大概有二十年，有四个五年计划。

2009年10月中旬，曾经在人民大会堂办过一次十部文艺集成志书的展览，作为这一套书完成的标志。现在这三百多卷已经出版了，澳门和香港的部分，现在还在继续编。我已经跑过澳门三次了，主要是为了编写澳门故事卷这个事儿去的。

中国民俗学会的成立

问：前面您谈到了民间文艺研究会，那是在怎样的背景下，决定要组建民俗学会的？当时民俗学会的任务是什么？

刘魁立：民俗学会大概是这样的。当时我还没有调到北京，是在人民文学出版社帮着做事情。《钢铁是怎样炼成的》新译本出版后，我在文学出版社外文部协助审定哪些书可以重出。因为我俄文好，所以做一些有关俄文的翻译和审核工作。其间，有时我会跑到钟敬文先生那里去。

有一天，钟先生拿出一个自己手写的文件。他告诉我，他征求了几位老学者的签名，他是最后签的。当时第一个签名的是顾颉刚。顾颉刚一直在科学院历史所做研究员，在故事和历史研究方面建树非常多。签字的还有杨堃和杨成志。杨堃在法国留过学，曾经在云南大学任教，后来就调回社科院民族所，就是现在的民族学与人类学的那个所。

回到前面所说的民俗学会的话题上。钟先生将起草好签了名的文件上报给社会科学院的领导胡乔木同志。像胡乔木等领导同志对于整体情况是知道的,所以他就说:"好,应该的。"就这样按照领导指示,先期成立了一个民间组织,延后在条件成熟时再成立相应的研究机构。于是就成立了中国民俗学会。民俗学会成立之前,地方上已成立辽宁省民俗学会。我印象是1982年,钟先生和我们坐火车去参加了那次会。当时坐火车还是硬座,我们俩面对面坐着,钟先生在车上还专门为辽宁省民俗学会成立写了一首诗,其中有"树红帜""吾侪多努力"等词语。

民俗学会成立之前曾经开过两三次会。当时社科院有四大秘书,都非常了不起。其中专门负责历史片的,包括社会学所、历史所等几个所的负责人是高德同志。照理说,如果要成立民俗学会,应该归高德管。当时高德去参加预备会的时候,说要请你们多多费心,辛苦了。然后钟先生说,你们社科院有人啊!高德说,有谁啊?钟先生就说,刘魁立就在你们那儿,是不是请他来做?高德表示同意。于是,我后来就参与了这个事情,结果就当了秘书组的负责人,当时没有"秘书长"这个说法。这样我们手下就有了几个人,有张紫晨、田小杭、梁木森、王文宝……就这么几个人,我们组成了秘书组。

筹建民俗学会最早的时候是办两件事:一是和钟先生商量机构人员都是谁;第二是章程制定。还有写成立学会的申请报告,申请经费,再就是筹备召开成立大会,这些事都由我们来做。我记得当时我们申请的用来召开成立大会的经费是3000元,在东直门外左家庄国防科工委招待所开了一个礼拜的会。参会的有钟敬文、季羡林、容笔祖、白寿彝、马学良、罗致平、杨堃、杨成志、常任侠等多位老先生。多数老先生就在那个招待所住,吃饭也都特别简单。住宿就是上下铺木板床,那些老先生都在下铺睡,条件十分简陋,但是大家其乐融融。

问: 当时为什么要成立民俗学会?章程里面有没有一个宗旨?

刘魁立: 有宗旨。具体在中国民俗学会章程草案里,到现在我们还可以找到。中国的民俗学研究非常重要,但是从中华人民共和国成立以前及以后一段时间,始终都没有取得相应的地位,做认真的研究,实际上就是以民间文学研究替代了民俗学的研究。

当时好几个学科都没有,社会学没有,民俗学没有。民俗学因为其中大部分的内容和旧社会有关系,所以要移风易俗,民俗学也就始终没有得到发展。但是非常奇怪的是,俄罗斯有民间文学这个课,在语言文学系,历史系里面也有民俗课,而我们在历史系里也没有民俗课。等于说,我们一方面学习苏联,另外一方面又抛弃了苏联的许多东西。实际上,大家都说是苏联的责任,我看也未必,就是我们学得不是很准,没有按照中国的实际来思考我们自己的问题。苏联有民间文学,民间文学是健康的,是人民的历史。领袖们也都说过,列宁也说过,马克思、恩格斯也说过,这个很重要,但是关于民俗好像没说什么,没有很好地整理。所以这个学科始终没有得到发展。在改革开放之前，拨乱反正之后，我们有了一个新的认识，觉得这个事情很重要，就提出来了。

　　民俗学会成立后，一些地方上开始设立民俗学的课程，首先是北京师范大学。但是教育部并没有将民俗学作为必修课推广，就是哪个学校愿意，哪个学校就开设这个课。在这种情况下，民俗学会的成立，实际上是推了一把，把整个学术研究都带动起来了。

在少数民族文学研究所

问：在中国社科院少数民族文学研究所的经历，是您学术生涯中很重要的一部分，并且您担任了所长。您能不能谈谈在少文所工作期间，最重要的工作是哪些？

刘魁立：前面说到了一些事情。我觉得如果要说具体的工作，大概是这么几项。

一个就是在文学史这方面，带动了全国多个民族地区对自己民族的文化成就和文化历史、文学传统的关注，同时培养了一批人。这是研究所承担的社会责任，而这个社会责任在某种意义上，我觉得它是历史的必然。因为这个研究假定只是我们这几个研究人员在做，可能做不了特别多的事情。但是，这些人可以起到一个推动作用。所以，我们这些研究人员在地方上都变成了有号召力的一个群体。当然，他们自己的研究本身也是在这样一个大的环境里面出现的。我记得很清楚，每一个讲到所里的人，最初在这方面大都是新人，都是现学，一边做一边学。而这些人后来都成为相应的门类、相应的领域里面很不错的学者。比如蒙古族、藏族，还有南方若干民族相关研究的领军人物，都是研究所的这批人。

再一个就是前面说到的史诗。中国的史诗和中国的史诗研究，居然在世界上创造了另外一个声音——中国是史诗大国。这个很了不起，包括后来这些史诗艺人和传承人的发现，以及对他们的宣传。居素普·玛玛依到其他国家演唱我们的《玛纳斯》，总统给他授袍子、送马给他，这是很高的荣誉。所以，史诗的研究以及对中国的史诗研究，改变了史诗艺人和传承人在国际上的地位，以及在史诗的出版和研究等方面，都做出了历史性的成绩，这个我觉得非常了不起。现在看来我们总结的还不够。这是民族文学所有工作人员的责任和贡献，我是其中的一个成员，仅仅是其中之一而已。

我觉得还有一个就是和国家各个部委之间的关系更加紧密了。比如说和国家民委，以前我们每次开会，有关的全国人大常委会副委员长亲自参加，文化部的领导也经常来，主管民族和统战工作的领导也来。也就是说，我们所和各个部委，包括中宣部、国家民委、文化部、文联系统之间的关系更加紧密。地位提高了，做的事情在某种意义上就具有全国性。这个大概是其他学术团体、学术单位做不到的。这是历史的赐予，也是我们体制的赐予。另外，在所里面还有其他的一些组织，比如少数民族文学学会，中国民俗学会有一段时间是挂靠在这里的，还有神话学会，那个时候我还是神话学会的会长。少文所作为一个研究机构，还承担着许多组织工作，这也是它的功能的一部分。应该说虽然现在想起来有非常多的遗憾，但总体来说，在历史进程当中，它是成就了应该做和可能做的一些事情的。

如何转换角色

问：您的阅历相当丰富。比如说您是学者，做过编辑，担任过管理者多年，还做过老师，带过很多出色的学生。您好像每一项工作都能完成得特别好。我想知道，您认为这些工作当中的共性是什么？您对这些角色的转换，有没有自己的一些心得和经验？

刘魁立：我并没有把所有的事情看成是完全没关系的。其实这些都是角色的转换。就好像演一个老人，同时再演一个小孩；演一个领导者，再演一个群众。担任不同的角色，就做好应该做的工作。好像这之间没有那么大的区别。我觉得它们如果有共性的话，就是你对人要真诚，对工作要认真。真诚做人，认真地来对待事情，不敷衍，不作假。我想，这样你就可以把这些事情做好。比如说，我做老师的时候，有时候一门课已经讲过两遍了，第三次讲的时候，我仍然头天差不多一宿不睡觉，反复思考。为什么？就是总觉得自己上次讲得不行，总觉得需要重新再做些什么。那种紧张、那种感觉叫作忐忑，或者叫作自己对自己的不满意。所以非常不自信，看起来好像我得心应手，其实是很紧张的，每次讲话都挺紧张。所以，我觉得认真做事，这一点很重要。

再就是做事做人要真诚，不要计较。你一旦计较了，一旦把你个人放在那个事情之上了，大家也看得出来，大家也不买你的账。所以，你就别把自己看得特别了不起。

问：也就是说，每一次角色的转换都经过了很多努力、认真的准备才取得了成功。我觉得您在教学方面很有方法，现在许多活跃在学术界的专家学者都是您的学生。

刘魁立：他们厉害，比我要强得多，无论学识、工作能力，还是待人接物，都很出色。我有时候想，我有好多毛病，好多问题。其实，和他们交流都是相互补充的，实际上到现在为止，相互之间都是朋友关系、兄弟关系，所以大家相处得也都非常好。世间也有这样的情况，就是老师和学生彼此好像仇敌似的，或者师生之间似乎不相干，或者不平等。而我们大家彼此都是很相干、很平等，也都非常友善，很亲。

问：那么，您能简略地谈谈，在过去的这些工作经历中，有没有一些什么遗憾？在过去几十年的工作经历中，有没有什么工作让您觉得可能换一种思维去做也许会做得更好，有没有类似这样的一些想法？

刘魁立：如果回过头来看，我觉得过去的事情头绪太多。而且这么多头绪中还有许许多多的事情，或者叫作干扰也好，或者叫作不得不做的事情，会占去很多时间。

比如，有一段时间是用来专门做思想清理工作，诸如此类的事情，陆陆续续的，有的时候弄了一年，第二次又差不多一年。本来事情就非常多，头绪多，再加上有这样一些事情，有的时候会受到一些影响。我就觉得，假如我们头绪不这样多，或许我们的工作会做得更好。现在好像是每一项工作都做了，但是又不是特别满意，总觉得还有一点遗憾，还有一些应该做但没有做或者没有做好的事情。我开个玩笑，我每天有点像十不闲，脚上、手上、头上、嘴上，全部都动员起来做这些事情。有的时候也很难对每一项工作都求全责备。我常常会觉得，所有的活儿，要我说哪一件做得特别漂亮，有的时候自己还真的就想不出来。我觉得遗憾还是很多的。

第三章 / 学术经历

民间文学的搜集要"忠实记录"

问：下面咱们谈谈学科性、学术性的内容。20世纪50年代您发表的《谈民间文学的搜集工作》和《再谈民间文学的搜集工作》，在国内引起了很大的反响，其中您提出了"忠实记录"。能不能给我们介绍一下，当时有什么样的感触让您提出"忠实记录"这一原则，包括去挖掘背后个人生命史的想法？

刘魁立：当时作为一个年轻人，接触了这样一种实践之后，感触特别多。就觉得人民的口头创作，应该是他们心灵非常好的反映。他们的历史，他们的愿望，所有的这些，如果没有机会充分表达的话，那么只有一个地方是他可以来做这件事情的，就是在民间故事中。民间故事虽然是幻想，却是他的期望。他在民间故事里面体现"我希望成为什么样的人，我希望要什么样的生活"。故事里的主人公和最后结局，都是他想成为的人和所追求的生活。所以，从这个意义上，我们忠实地记录，就等于对他们的历史、对他们的心灵有一个非常准确的表达。在这样的情况下，再回过头来看我们的这些记录就觉得不那么合适了。那个时候我在国外，可以订《民间文学》杂志，我差不多把所有的《民间文学》杂志从第一个字看到最后一个字，不断地看到有人把"整理"当作一种标准。对"整理"这个词我一直是表示怀疑。为什么？因为它非常不确定，就等于在这里可以兜售私货。什么都可以叫作"整理"，表达自己的东西都可以叫"整理"吗？我说可以"编辑"，但是不能"整理"。所以，如果要仔细读的话，我在这篇文章里，对于民间文学的特质，它和生活之间的关系，是特别用心的，但这一部分内容也许被一些人忽略了。宗旨，当然是希望能够忠实地记录，当时我提出来"一字不易"，这是1956年写的。

后来到了1957年钟先生被批判的时候，罪状之一是"一字不动论"。当时我不在国内，不知道当时的整个情况。钟先生后来跟我说："我从来没说过'一字不动'啊，'一字不易'的提法是你说的。"所以后来在一篇文章中我说钟先生是代我受过，我特别惭愧。这是第一篇文章。这篇文章引起了不小的波澜，居然有不少人写了二三十篇文章反对，其中有的也是很有分量的人。比如董均伦写的文章就是《关于刘魁立先生的批评》，里面提到，你愿意搜集，你自己搜集你的去，你搞你的科研，这与我们对于人民的教育关系不大。转过一年，到了1958年，我还是在苏联，我写了一篇总的回答。这篇总的回答等于是再论这个事，还是解决前面说的同一个问题，就是对于民间文学的认识。我说记录和最后发表这两件事情是可以分开的，我认为记录无论如何不能动。他们说你当着面写东西是会吓到他们的，所以最好的办法是回去根据回忆再记录。例如，两个人谈话，假定你不是很准确地把这个谈话记下来，回去你根据回忆，能记录多少东西呢？当然不行，尤其是像这样的民间口述作品就更加难了，因为语言是他表达的一种手段，而语言这个东西又特别的重要。所以，第二篇基本上是沿着头一篇关于民间文学的本质，关于对民间文学的认识来阐发的。后来，我自己回到黑龙江去做调查的时候，就是按着这个想法去办的，就是忠实记录，就是原封不动，该怎么样就是怎么样，自己不加任何的所谓表达个人的价值判断的东西，不把个人的观点搁到里头。

问：您谈到忠实记录是民间文学搜集工作的原则。忠实记录作为一种民间文学研究的方法，也是一种研究的精神，在后续您的学术生涯里面有没有改变呢？

刘魁立：这一点我从来没有改变过，我敢说到现在为止，我的文章可以原封不动地发表在那里，而且在总体上我没有改变，可能当时由于我年轻，有的地方可能偶尔会有一点这样那样的过头，或者因为有些政治因素会有这样那样的局限。但是那些基本观点到今天为止还在坚持，因为我认为它是符合客观规律的，是符合事物发展的需要的。

民间文学的表演性

问：基于您说的民间文学搜集问题，我们延伸到另一个问题。前边谈到您发表的关于民间文学搜集工作的那两篇文章，当时您除了提出"忠实记录"的原则，还谈到了"记什么"和"怎么记"，您谈到"准确的记录当然也要求尽可能地把那些没有用语言表达出来的部分，比如手势、音调、表情也标记出来"，那您现在是怎么看待这个方法的？它还适用于现在的民间文学搜集吗？

刘魁立：你提的这个问题，到今天为止还没有很好地得以实现，在现实当中始终没有非常好的一种表达方式。今天我们有非常多的手段，比如多媒体，实际上是帮助我们做了这件事情，但是它并没有很好地被大家认识，而是仅仅被当作一种现象、一种自然而然的事情。

为什么这样说？因为口头传统，尽管我们称它是口头传统，却似乎仅仅把它看成是文字。这个文字有非常多的好处，它可以很真实地记录我们的思想,记录我们思想的语言表达。但是如果仅仅把语言看成是口头创作,那多多少少会失掉很多宝贵的东西。比如刚才说到的手势。有时候语言不能完全表达得清楚的时候,要通过手势来辅助。

另外,当一个口头作品讲述出来的时候,同时也要把讲述者当时的情绪表达出来。比如恐惧的情绪。他说"哎呀,那个风这个大呀,当时把我给吓得如何如何……",他当然是需要这样说,他说风挺大,往往把人都可以吓倒。仅仅靠文字已经没有办法来表达这个事儿了。所以在这个时候,要想非常完整地表达这些,他的手势、他的表情、他的音调,所有的这些,都是前面我说的口头传统的有机组成部分。

所以,在我们民间文学研究里面,表演性始终没有被关注。就是说,口头的传统,不仅是语言,它同时也有一定的表演性。因为讲述本身是表演的一种方式。而讲述中出现的不仅仅是语言,还有其他的一些手段。这些手段是音调,是手势,是情感,是前面所说的各种各样的辅助性方式。而这些照理说,需要有一个全面的认识。但是这个全面的认识并不是很容易,所以我常常用一个词来说明这个问题,叫整体性。

这个整体性是贯穿一切问题的。当你把其中的某一个东西分解开来,孤立来看的时候,就看不清这个事物全面的内涵,就会失掉很多东西。所以,我就觉得这是挺重要的。你如果看它的所谓的里面的那些内容,细分析起来的话,还是挺有意思的。民间文学讲述也如同去看一场戏剧表演。就像歌唱家,不能只听演唱的录音，你还要看录像的，因为什么呢？就是因为看他在唱歌的时候，马上有另外一种感觉。所以，听录音和看录像，效果有很大的不同。

都是唱歌，听不就完了吗，为什么还要让你去看呢？因为他唱歌的时候，会把自己的情绪，不仅通过声音，也通过自己的表情传达出来。而这种传达，你不仅是听觉的感受，也是视觉的感受，在这个时候是走心的。那么这样的时候，你自然会受感动的，接收的东西也多了，对吧？你受感动的那个厚度也就有了。再比如，电影和戏剧不同，电影多少还是平面的，尽管它的背景可以很丰富，但是仍然不如戏剧有现实感。在电视上看踢球，和你在现场看踢球，感觉上也完全不是一回事。

从这个意义上说，我们对于民间故事，到今天为止，很少有人做到完美地记录到位。或许需要有这么一篇文章讲讲这个问题。或者进行一次彻底的理想的实验。

利用多媒体采集民间故事

问：原来采集的民间文学成果，比如民间故事，那个时代还是离民间故事适合的生存环境比较近的。然后采集者加上自己的一些逻辑，或者修饰文字表述，就可以发表出来了。那么，在现在这个阶段，已经有许多故事资源被采集，并且故事采集的规模已经很大了，这个时候，我们应该如何去保护民间文学，如何面对采集的问题，又如何去整理，或者是再挖掘一些东西？

刘魁立：这个问题稍微复杂一点。需要说明的是，现在我们整个的社会生活和社会历史环境已经有了很大的变化。生产方式变了，生活方式也跟着变了。在这样的情况下，我们的文化生活也有非常大的改观，过去我们的农村生活节奏很慢，生产活动比较单一。现在呢？现在的生活面很广。现在和过去真的没有办法比。过去日出而作，日落而息。我们的民间故事在那样一个环境里，就有一个非常好的生长条件。打个比方，北方到了冬天基本上没有什么特别多的事情，这叫农闲。这时候，又加上要过年，人们的情绪和人们的生活允许他在这个时候去从事所谓审美的活动,我们现在叫作艺术性文化活动。比如,在这个时候可以耍狮子、扭秧歌、跑旱船、耍龙灯,有许许多多这样的活动。另外,在教育的过程中,作为女性,她们也会有讲故事、唱歌这一类的活动。那么,这样的生活环境所造成的一个所谓的文化氛围,就使得当时我们的民间歌曲、民间故事有了一个生存空间。

现在没有这个条件了。在没有这个条件的时候,我们仍然还可以找到一些对于过去的传统还记忆犹新的人,尽管凤毛麟角。那么这一部分人,现在我们就把他讲的故事记录下来,而这部分人大都是过去很擅长讲故事的,他们过去也很喜爱这样的方式。所以,对于他们的这种记录就特别的重要。但是,这一段非常美好的传统民间文化的历史,已经快要走到尽头了。针对这种情况,要加紧做工作,要想出特别的办法、恰当的办法、有效的办法,记录好、保护好、以至传承好这一部分文化财富。

问:您觉得现阶段的民间文学保护工作除了采集和整理,还有什么问题需要注意?

刘魁立:记录当然应该是忠实记录。因为现在我们已经有那么好的条件了,我们有录像,我们有录音,我们有各种各样非常有效的手段来实现忠实记录,这是第一。

第二,我们现在有的资源特别少,就显得特别珍贵,如果再过五十年、一百年,这些资源就可能不会再有了。据我所知道的,现在有几个国家，像过去民间故事特别多的东欧国家，像北欧这些国家，像俄罗斯，在这些地方已经很难找到所谓的故事家了，更不要说是其他的国家了。我们国家更是如此，因为现在的社会发展的节奏、生活节奏太快了，那些传统的故事已经无法在农闲时讲了。再说，现在也没有所谓的农忙、农闲这一说了，什么时候都非常忙。另外，孩子也没有这种需求了，不是说我必须躺在妈妈的腿上听妈妈讲故事，因为现在的教育环境变了，各种各样的教育方式又特别多，所以故事的生存环境、生存的文化氛围，所有这些都没有了，都和过去没法比了。所以，在这个时候记录就显得特别特别珍贵。

第二，我们是不是一定要拿出来发表。这个也不像过去，这种需求也不那么急切和必须了。因为现在我们所有的传媒，介绍的内容已经远远大于过去，而且接触的范围很大，等于每一个人都有一个非常广阔的天地，他不再迫切地需要那个了。但是有另外一个问题，也就是说，即使我们登上了月球，到了宇宙空间，已经知道它的本质和结构以及它存在的规律，但是关于它的美好幻想，比如嫦娥，比如广寒宫，比如吴刚伐桂，比如玉兔，这些美好的审美想象应该保留，不然的话，我们就变得像其他的动物一样，一点没有人的审美功能了，那样，我们就真完了。所以，我觉得记录的这些故事一定要好好保存。另外，我觉得不要再改了，再改就全是加上你自己的判断，而老百姓自己本来的东西就没了，就是他原来怎么讲，你就应该怎么保留。保留它原来的淳朴，也许并不规整，但是它是口语性的东西，你一定把它变成书面语言，变成作家笔下雕饰出来的东西，这是不行的。而且，中国书面语言和口头语言之间差异又比较大。在这种情况下，保持它的那种口头语言，不要写在纸上，因为它既然是口头表达，就应该诉诸你的听觉，而不是视觉。

过去我们常常把本来是听觉的东西，一定要改造成为视觉的东西，而视觉不允许再有那些乱七八糟啰啰唆唆的东西，听觉是允许有的。因为这里有声调，有情感，所有的这些都是听觉可以分辨并且加以取舍的东西，而视觉不能再有需要取舍的东西，不能再有这些需要分辨的东西。但是，看的不如听的感人。

问：就是说，民间文学的这种保存，本身文字化了并不是一个最好的方式？

刘魁立：完全正确，过去用文字记录是很好的办法，可以广泛传播和存之永久。但是文字化也会丢掉很多很重要的东西。现在有了多媒体可以弥补这样一些缺陷。

问：现在因为有很多的手段和条件，运用这些多媒体的功能来保存和记录它应是最好的。

刘魁立：对，就是这个意思。

问：按照您这种思路，可以用这种多媒体的功能，给现成的故事家重新做个人档案或者是个人资料，以这种方式保存，科技是可以实现的，这个事情也应该做。

刘魁立：是这样，对的。

民间文学研究和现实意义

问：我先请教您一个问题，关于民间文学课程的设置。苏联很早就有民间文学这个课，这个课是设在文学系吗？

刘魁立：对，俄罗斯（苏联）很早就有民间文学课了，当时设在语言文学系。在中学的语文课里也有这方面的内容，分量很重，也成系统。

问：我国的民间文学的课程，是在民俗学中设置的吗？

刘魁立：民间文学，或者再扩大一点，整个民间文化，在不同的学校是分在两处教授，比如说像北大。北大也分成两处，一部分在社会学系，另外一部分在语言文学系。比如，陈泳超和陈连山两位教授，他们是在文学系；高丙中教授是在社会学系。他们都是分开的。

在社科院有人研究民俗学，在文学所也有研究的，像安德明和施爱东等研究员，他们都在文学所，在少数民族文学所也研究少数民族民间文学。另外，民俗学研究和教学的队伍中，也有一些人在研究民间文学。

问：我们知道民间文学是一个大的研究领域，其中民间故事是一个很重要的组成部分。在您的学术生涯中，您是如何理解民间故事在民间文学研究这个大体系中的位置的？

刘魁立：如果说像史诗这一类的长篇叙事，等于是把自己一个民族的历史，包括迁徙的历史、命运的历史、信仰的历史，所有的这些都反映里面。故事可能没有这样一个所谓的实际的追求，但是它是曲折地来表达人们的心灵的。比如说精神层面的，他的道德观念，他自己对于生活的一种期望，他喜欢什么，不喜欢什么，会做什么样的价值判断，这些东西在故事里面体现得非常非常明显。

当然除此之外，还有那些所谓硬件性的，比如生活状况、生产方式，不是属于所谓精神层面。故事有它自己的灵活性。还有一个特点就是它的地方因素、民族因素、时代因素，这些要比其他的民间文学形式，比如史诗，那要明显得多。史诗在时代因素上很少能够得到比较现实的反映，跟着时代走。但是故事不然，因为故事在说的过程中间，实际上是针对今天说的，它是以今天的这个人的方式来表达的，而史诗是一个在很大程度上定型的东西，不大能随便变动的。所以，刚才我说的这几个方面的特点，也就是说故事本身作为文献性质的东西，语言、时代、民族、环境，所有的这些在它的所谓外在的形式当中都可能得到很好的体现。

另外，对于故事，我觉得还有一个我们始终没有很好解决的问题，就是它的人类性。为什么这个民族和另外一个民族都讲同样的故事？为什么？说不清楚。但实际上，故事的人类性在某种意义上要比其他的民间文学形式，比如史诗，要强烈。我觉得，这样的一些特点，从事故事研究的人，应该特别地去关注，应该在这些地方做进一步研究，弄清根本原因在哪里。

问：有不少人认为，研究民间故事、民间文学，是对传统社会、传统文化的一种研究。可能会有人提出这样一个问题：现在再去研究民间故事和民间文学，它的现代意义在哪里？

刘魁立：我过去（在苏联留学时）曾经给我的导师提过这样的问题。在1958年的时候，当时我年轻，热血沸腾，看到国内的形势，我说我不再读书学习了，我要回去参加祖国建设，我就觉得好像我研究故事没有什么意义。就是你刚才提的问题。我的导师针对我的疑问，给我的回答是，实际上学问是有两种的，一种是现实的，针对目前我们的生存状况，要解决实际问题的；还有一种就是要解决和回答那些未知领域的问题的，不然的话我们的历史研究也就没有任何意义了。他说这些东西在起初看来或许没有太多直接的现实意义,但是积累了之后,长期来看,它会对整个社会的推进起作用,就是借鉴意义。这就是为什么后来我论文的题目是讲农奴制改革前和农奴制改革之后故事中反映的问题。比如货币问题,过去在所有的故事里没有所谓货币地租,有的就是劳役地租、实物地租,后来居然变成金钱,就是你应该欠我多少租金。1861年经过赎买,农奴变成了农民,农民租用地主的土地,给地主补偿,靠什么?过去是靠食物、靠劳役,是提着两只大鹅或者几只小鸡、赶着猪、赶着羊去交地租,在这之后逐渐变成了金钱。

所以,有的时候在故事里面仍然可以看到历史的脉络,历史的进程。

对多学科研究的涉猎

问：您是一位学识广博的学者，除了在民间文学领域，还对民俗学领域有所涉猎，实际上您在人类学、神话学方面也做了很多的工作，包括一些编著、翻译工作等。您是以怎样一个契机开始向人类学、神话学等这些学科进行转向的？

刘魁立：因为（心态）年轻，所以涉猎就多。就像一个孩子，看见一个新的世界之后，一切都感觉新奇。曾经在讨论问题的时候，我就问别人，我说"什么叫童心"？要每个人给我一个回答，有的说是天真，有的说是纯洁，有的说这个，有的说那个。我说都对，但是有一点可以放在童心里面，作为它的组成部分之一的，就是好奇心和求知欲。因为一个年轻人看见了周围的世界之后，会感觉所有的事情都那么新奇，所以当时我的涉猎就和其他年轻人一样广一些。

我有一篇文章写了一个观点，所有的历史文化发展的进程中，在每一个历史阶段都会有一个新的、领先的、领跑的一个学科。越早就离我们人类越远，最早领先的科学可能是天文学。所以，人类就认识了星象，那个时候离我们很远，但我们要知道它。后来通过炼丹术开始有了化学作为领先科学。以后又有了物理学，大家都知道了工业革命，这是因为有物理学的领跑。等到进入现代社会之后，最重要的是一些观念的、方法论方面的问题。这时是语言学给我们提供的最多。所以我就特别关注语言学，特别关注语言学的理论性、方法性的东西。照理说我的题目是故事，那我就研究故事算了。但是我对学术史特别关注，所以学术史的著作，包括神话学派以及后来的流传学派，这些东西我能够找到的就尽量去看，而且不只是苏联的。我从莫斯科回来的时候，我没有手表，没有留声机——过去很多人买留声机，或者还有其他的东西，而我买的全都是书，两吨，十月革命前出的我能收到的全部都收。那个时候买书和读书变成了我全部的兴趣所在。当然也有一些中国书，也是大量的买。中国书印得也非常好，运到莫斯科也快。我差不多一个星期或者最多十天，总要去一趟中国书店，那个售货员，到现在我还记着他的名字。所有的中国书到店之后，他每样都留一本，等我去选购。当时领的所有的助学金，除了吃饭，其余全部都买书了。那个时候就是求知欲强烈，好奇心在时时涌动。这段时期大概就是这样一些事吧。

问：您涉猎的学科多，做了很多不同方面的研究。我觉得对您来说好像这些学术工作并不复杂，您可以把这些工作很好地统一起来。对于您来讲,这种共通性是什么呢?

刘魁立:所有我接触的这些领域,有一个最明显的、共通性的特点,就是它们不是哪一个人的个人创作。个人创作,你需要对他进行特别的研究,他的精力和他之所以能够成就了他现在的这样一些建树、这样一些功绩,是有他自己的内在的规定性的,他有他自己感兴趣的范围。他有他自己之所以能够创造出新的成就来的一些基础性的学问和努力。这些都没有问题。但是有一些东西是非常难以把它归结为个人创作的,这就是一代一代的老百姓不断传承不断再创造并一再锤炼的,因此是集体成就的文化创造。这一部分东西,我们过去反倒研究得不够,或者说我们有的时候会不够重视它。

老百姓创造的大量作品,我们却没有像对一部《红楼梦》那样去认真地挖掘和对待那些演述者,那些传承人。而且无论是上层的一些学问家,还是整个社会,都关注不够。那么,在这种情况下,他们本身又是文化的创造者或再创造者,与那些文学家、艺术家相比,一点儿也不逊色。有的时候人们会把单个人拿出来和哪个作家相比。可是如果把民间创作放在一起,那就是一大笔了不起的宝贵的文化财富。

如果要仔细分析一下我所做的事情,基本上是在这个领域里的。一旦接触到老百姓,包括在我们中国,也包括当时在苏联,就知道这是一个非常广阔的天地,要研究的问题也多,要认识的领域也特别广泛。比如,现在的非物质文化遗产保护工作,以及有关民间文学、传统节日的研究，这大概就是一个所谓的共同的特点，它们之间有非常密切的联系。

问：我理解您的一个选择，就是您是一个奉献型的人，好像想的都是大家的事，似乎要替很多人解决问题的这么一种想法。跟现在很多人的想法是不一样的。

刘魁立：现在人的想法，如果是讲个人成名，那挺容易，你就研究透了一个作家就可以。可是当你面对的是一个庞大的群体，无论你研究多少，也达不到穷尽的地步、完美的地步。因为你面对的内容是非常多的，你仅仅是在一个或几个问题上，在一个非常小的范围里面，争取有一些经得起历史考验的学术推进，那就很不错了，就算不枉此生了。

问：您有没有更具体的一些建议？比如未来民俗学的学科，或者说学科团队应该朝着怎样的方向去发展？

刘魁立：我个人曾经有过这样一个想法，我觉得现实提供给我们的东西太多太多，没有任何一个民族能像我们中国当下提供给我们这么丰富的文化蕴藏。而这些东西随着社会的发展，变化又特别快。在这个时候，无论是对于昨天，我们需要在理性、学理方面提炼出来一些规律性的东西；还是今天针对这种转变、这种社会转型期对于文化现实的认识，都有非常多的文章可做。而我们学术界是可以向着世界发出更强烈的声音的。现在我们许多年轻的学者开始朝着这方面走。中国学派在这个时候应该有志气,把自己的历史责任承担起来。我觉得这方面将来会出现一个非常好的局面。这和我们国家整个经济、政治各个方面步调都是一致的。

少数民族民间文学研究

问：下面请您谈一下您对于少数民族方面的研究。我知道您在1985年的时候，申请了一个国家重点项目，是关于少数民族民间文学的。是在什么样的背景之下，您开始关注少数民族民间文学和他们的历史的呢？

刘魁立：中国是一个多民族的国家。中华人民共和国成立以后，特别把民族团结当作是我们国家体制中一个非常重要的问题。我们有一个别的国家未必有的机构，叫作国家民委。它的地位，它所做的事情都非常重要。民族问题一直是很受重视的，少数民族的文化问题，是受到特别关注的。学界前辈们，包括贾芝、毛星、王平凡、马学良等一直非常关注少数民族文学的状况。这方面的计划在社科院一直是非常好地被执行着。那个时候曾经编过的少数民族文学的书籍，是中国社科院民间文学研究室（所）组织编撰的，当时负责这项工作的是贾芝和毛星等前辈学者，毛星先生主持这项工作,民间研究室的几位同志大都参加了,我调到民间研究室以后也参加了,叫作中国少数民族文学调查,后来出了三卷集,叫《中国少数民族文学》,是毛老主编的。

后来继续这项工作,申请社科基金,当时是以少数民族文学研究所的名义申请的,后来有人提出要我做主编,我说不行,我只能作为编辑委员会的主任。那套文学史丛书的前言也是我写的。

这件事情它的意义在哪里?我觉得起码有这么两点。第一,锻炼了少数民族的研究人才和队伍。因为这件事情势必有人做,并成了他们需要钻研的一个业务。所以,后来从事这方面工作的人员,基本上是原来的这些作者。他们过去很可能是民委系统的,或者是学校的教师。总而言之,对这个学术对象过去没有进行专门研究过,我觉得这是这项工作一个很重要的功能。第二,不仅整理了这些民族文学成就、文学发展的资料,而且初步厘清了它的历史发展的脉络。这个脉络是过去没有人整理过的,所以多少有开创的意义。但不是所有的都做成了,现在大概是四十卷的样子。应该说它只是在历史发展中一个非常重要的阶段,但不能说它就是最后的学术的最高成就,这里面有很多毛糙的东西。

在这个过程中,有几件事情我觉得是应该特别说起的,比如过去不属于所谓中国的著作权的三大史诗。在所有的书里,包括我们中国自己的工具书里面,像大百科、百科词典里,都曾经把这几个史诗说成是外国的。史诗研究和文学史是我当时在所里工作期间提出来的几个核心任务。对文学史我当时提出来一个想法,我说它应该有三个台阶,先是族别史,然后是关系史——比如蒙古族和藏族的关系，藏族和汉族的关系，蒙古族和汉族的关系，另外蒙古族和其他的民族，比如鄂伦春族、鄂温克族之间的关系——彼此之间把这些脉络梳理清楚，最后才有所谓中华民族文学乃至文化的全貌。我说的三个台阶中，我们现在刚刚迈出了第一步，就是族别史，以后的路还长着呢，这是当时我自己的一个想法，一个所谓工作的规划。

问：这个课题持续了多少年，还是一直都在做？

刘魁立：陆陆续续的，现在还有人在做。但是当时是在两个五年计划当中做的，是集中做的，最后在第三个五年计划时有一些出版。头一个五年出版的并不多，基本上是第二个、第三个五年计划中才开始有一些出版。

问：在少数民族文学研究的团队里面，是少数民族的研究者研究自己本民族，还是说有其他民族研究者，比如汉族的学者，他们参与到这些具体的少数民族文学研究之中？一个对比是外国文学，比如说我们国内的外国文学研究，像您在俄罗斯民间文学这一块的研究，也是由非俄罗斯学者进行了阐释、提出理论。那么在少数民族文学研究领域里面有没有相同的情况，还是说会有一些不同？

刘魁立：你说到的这个问题，我觉得是一个很重要的学术力量之间的相互关系。我在所里期间，应该说前面所说到的文学史、文学概况这样一个课题本身——后来成为一套丛书——实际上是当地的本民族的这些学者和全国其他的学者共同完成的。所以，当时我们和民大——在当时叫中央民族学院——以及地方的这些学者之间的关系很好，虽然叫不上是一个非常成型的组织，但是一个很好的网络。

这个网络当时是以中国少数民族文学学会这样一个名义组成的，几乎囊括了所有的各个民族和各个地方的学者在一起做工作。这个队伍的成长壮大，在某种意义上说，就是整个少数民族文学研究和少数民族文化研究的一个成长历程。这些学者的成长和学会的成长是一致的。现在的学会会长是朝戈金。少数民族文学学会在一定意义上和民俗学会曾经有一段时间是并驾齐驱的，很难说是民俗学会的力量更强，还是少数民族文学学会的力量更强。但现在看，民俗学会借助各方面的力量，变得好像更显赫一点。

这个合作很重要，因为这里有一个语言问题。研究俄罗斯文学的很少，当然也有一部分，他们的语言不行，完全不懂得俄语，但是它的骨干力量是懂俄语的人。在少数民族文学研究中，假定你对于那个民族的语言完全不知道的话，没有办法进行研究，只能靠翻译，而翻译本身还是那些人在做。所以在这个领域里面实际上的合作是非常好的。比如说对木卡姆的研究，我们是和新疆的学者和其他的史诗研究机构一起做的。我们和西藏、青海的研究人员关系都密切。过去开这样的会，一年总有那么几次,就是因为有各个地方各民族的合作,因此对整个研究的推动作用非常明显。少数民族文学研究是靠汉族的学者和少数民族的学者大家共同来做的。

民间文学的传承

问：民间文学的流传方式与居住密集性和地域性有很强的关系，当今人们居住的环境变了，比如城镇化，人员流动性很大，生活方式也变了，比如迁居大城市。所以民间文学原有的流传方式也发生了变化。这样的结果，就使民间故事、传说、歌谣等，没有机会让大众自觉地接受了。可能民间文学就会面临边缘化，或者是濒临灭绝的状态。这样的话，如果有一些民间故事无法再继续传承，该怎么办呢？

刘魁立：这大概是说这样一个问题，更扩大一点说，比如我们的生活方式是和时代的发展相协调的。因此我们不可能说社会条件变了，我们的生活方式完全不动。这是不太可能的。

有的时候，我们会根据时代的发展决定我们的生活方式。比如，一个历史阶段工具改进了，那生产方式就变化了。过去我们是刀耕火种，施肥是靠烧荒，种植是用最原始的工具一点一点地进行的，现在是不大可能了，完全是机械化了。后来又用化肥，曾经一段就盛行。但现在，大家认为过度使用化肥是一种不科学的方法，而科学的方法是尽量使用新型的农家肥。在这种情况下，你的生活方式、生产方式都会随着历史的发展条件变化。我们最初没有文字，只有靠口头来传达历史，我们用史诗来讲述我们自己的历史。在讲述的过程中，我们又加上非常多的幻想，然后再演说我们自己的历史。现在我们即使不用这种办法，仍然可以来表达自己的情感。

现在孩子们天天看电视，看手机，从手机上读取知识，这当然是一种新的形式。它已经不再使用有声语言。也许将来到某一天，连这个都变了，直接就变成传输的。我们说不准，不知道它将来会怎么发展。所以，就跟过去从无声电影到有声电影，到现在的 3D、4D 电影一样。所有的这些都是社会历史条件变化了之后，我们的生产生活方式都相应地要有所调整。那么在这种情况下，让口头传承过去的那种形式没有了，但是它的实质还在。比如对审美的追求，它是通过别的方式来表现的。那么这种方式现在是不是成型了？我们不敢说。

这种对审美的追求，比如说，过去我们是通过故事来体现，那现在我们更多的是笑话。而这种笑话是以另外的方式来体现的，比如手机里面的视频，或是借助漫画来传达的，还有各种各样的方式。这些在不断变化的过程中，在它还没有完全成型的时候，我们还不知道它叫什么，只知道过去的那个不行了，或者是过去的那个不怎么太通行了。讲故事的人不能像过去那样传承，有人说是故事传承，但过去的那种传承形式是不行的。就等于说，你要说它才是传承，那就等于说我们永远在那个生活方式里头。

我记得非常清楚，过去过年是叫"打正月，闹二月，哩哩啦啦到三月"，这个年基本上是一百天才能过完的。我老家这一百天，什么事情都没有，天天都等于过年！而且那是一种期盼，就等着过年，要过得痛痛快快的，天天玩，天天快乐。现在哪儿还有这样的？现在没有了。所以，在那个环境里才有故事，他会讲故事，而且第一年这样讲，第二年还是这样讲，它成型了。但是现在没有，我们现在还保留着一些传统的观念，所以我老开玩笑说，你别看现在我们对于月亮很清楚，知道它正面是什么，背面是什么，而且荒凉至极。但是，在我们的心目中，嫦娥还在那里，还有广寒宫，那里还有吴刚，还有那个小白兔。那是我们心里的月亮。这个故事没了，我们不会讲了，但是这些观念仍然还在，就等于故事还在。但是那个说的故事已经没了。

所以，这是一个很复杂的事情。我经常到俄罗斯去，俄罗斯现在再也搜集不到故事了。20 世纪 50 年代，我们到乡下去调查，那么多的村庄，从一个村庄到另一个村庄，还能找到讲故事的人，还能听到民歌。说这个谁谁会讲故事，你到他那儿，而且还是成本大套的能够记录。那个时候我们还出书，比如说是一个州，萨拉托夫州的故事集，我们还可以出。但现在你看看，没有人给你讲故事了，会讲故事的人都过世了。而且说老实话，现在你讲故事也没人听了。

问：这倒是，现在娱乐化了。

刘魁立：对的。现在他们都已经不再讲了，除非在一个极特殊的情况下表演一次。来了要看的才讲，是舞台化了的。将来怎么去发展？我们不好预言。但是这种观念到目前为止，它仍然作为一种遗产还在我们的心里发挥作用。比如说，现在我们一些地方的万神殿还在，通常另外一个名字叫诸神庙。这些在我们的观念里都还在。比干、关公，这些财神，文财神、武财神都还在，我们的门神都还在。也许我们不贴了，但是我们的心里头还有，这种观念是存在的，而且会流传下去的。就像嫦娥奔月的故事，虽然我们没有固定地把它用语言非常准确地表述出来，但是这个观念似乎以无声的方式还会存在的。

所以，这个口头的传承要看是指什么。

第四章 传统文化与传统节日

传统节日在现代

问：刘老师，下面咱们谈一谈中国传统节日，也是您近年特别关注的学术点。首先是比较大一点的问题，您是如何理解中国传统节日的？您认为中国传统节日与中华民族复兴这一时代命题的一些内在关联在哪里？

刘魁立：我觉得任何民族的节日，只要它是这个民族的传统文化中一个非常重要的时间节点，同时又是它的仪式，又作为它的观念的表达，这个节日就很重要。从我个人的角度说，实际上我们观察一个民族，首先去观察它的节日。我们从一个民族的节日就知道这个民族是怎样的一个民族。

谈到节日的内容，有人说这仅仅是一种休闲，我说不是，我认为这不是很准确。我原先对节日下过一个非常长的定义，看起来像是休闲，但实际上完全不是。节日的内容是这个民族对于自然的理解，对于文化的凝练，包含着它与人之间的关系，表达的是对于生活的期望和生命的赞颂……所有的这些都在节日里面。所以节日是一个文化丛,在人们的生活和整个民族生活中是一个特别了不起的关键中的关键。

问：我想正是在一种对于传统节日的理念下面,2006年的时候,您开始更加积极地参与把传统节日列入国家法定假日的工作之中。能不能谈谈当时发起这个倡议的背景是怎样的?您当时在做这件事情的过程中做了哪些具体的工作?

刘魁立：应该说,中国民俗学会在这个工作当中发挥了极大的作用。当时做具体工作的是中国民俗学会秘书长高丙中。他是一个非常有思想、有头脑,而且对于整个社会发展的进程有着非常清晰认识的学者。在做这件事情的过程中,他出力非常多,而且是很有思想、很有作为的。

那个时候我们就开始筹划国际学术研讨会。我们是想通过国际学术研讨会,来创造一个非常好的舆论环境。我们连续在过年期间召开研讨会,在那之前,春节期间从来不开会,而我们就偏偏利用这个时候召开国际学术研讨会。而且我们的会议名称叫"民族传统节日和国家法定假日学术研讨会"。非常明确,当时想的就是如何把民族传统节日和国家的法定假日与我们自己现在的时间制度联系起来。前两次差不多都是这个题目。后来又开了第三次会。这件事后来引起了对于整个节日制度的重新设计,当时是文化部接受了发改委的一个任务来做这件事情的。在这之前,我们先给中宣部做了这个课题。做完之后，我们就在这个基础上开始做发改委交给文化部的课题。我们当时把几个对节日有研究的人，包括人民大学和北师大的学者，组成了一个课题组。课题组出了一本书，就是《中国节典：四大传统节日》。

我个人感觉，历史不分细节，要让我们自己的传统节日在整个社会生活中间有地位也是一种公众意识的表达。在这样的情况下，就出现了节日制度的改造。我们当时做这件事的时候很简单，也不太懂假日经济，所以我当时主张干脆就在总框架底下进行改造。按照原来的假期总数不大动的原则，除了一年52个星期，也就是这104天的休假日外，再加上国庆等其他几个假日。报上去之后，发改委又添加了一天。现在我个人感觉在这个问题上可能还有余地。由于经济的发展，我们在这方面应该有所动作。比如，是不是还可以加一两个节日？另外，"年"的说法是不是应该恢复？又比如除夕放假，有的人不同意，除夕虽然不是休息日，但实际上我们是放假的，如果把这一天纳入假日体系中，等于我们没有了这个福利。我们可以把年廿九变成一个可以自动放假的日子。另外，把一些新近的假日缩短，把其他的一些节日延长。当然，每个人在设计上会有每个人的想法，但是我觉得我们可以在经济条件允许的时候，考虑增加一两个节日来放假。

问：目前国内对于节日的这种保护和开发，您有什么看法？比如，在少数民族地区也有相似的情况，羌族有羌年，藏族有雪顿节，地方上的政府、企业、公众都广泛地参与这种节日的保护和开发。您怎么看待这个现象？

刘魁立：我自己对这个现象的认识是非常开放的，我不认为商家积极参与节日宣传是罪过。过去的商家何尝不是在过年的时候来做这件事情？只不过今天他们是用另外一种方式来做。在某种意义上，过去的商家少，现在的商家很多。再比如像旅游，过去从未有，而今天大家条件好了之后，要去看看外面的世界，这个需求是必须要满足的。过去我们都是在山沟沟里面，像有的北京老太太，居然没有出过自己住的胡同，没有到过西直门外。现在我们知道了世界有那么大，为什么不可以出去看看呢？所以旅游本身无罪过，商家本身也无罪过，问题在于我们没有正确地引导，没有把节日的真正意义凸显出来。

可能有的旅游组织者和这些商家本身的文化自觉不够。我说到的"文化自觉"的意思是，一定要很准确、很深刻地认识自己的文化及其价值和真谛，只有这样才能够做与文化相关的事情。现在不是这样，搞旅游大多是为了钱，商家也是为了钱。所以，我觉得文化自觉很重要。我觉得不是职业的问题，而是从事这个职业的人觉悟不够，认识到不了这个程度，就可能会把假日、节日变成和其他商品一样的东西来看待。这样就糟糕了。

问：您认为，在当下的节日保护和开发上，还有哪些不足？

刘魁立：我觉得有些地方的政府受到了商家或旅游组织者相

当大的影响，只强调节假日的经济作用，而忽视了节假日的文化内涵。这个也和学者在这一方面的努力不够有关，和宣传不够、呼吁不够也有关系。归根到底，我们现在可能对于这些问题的认识有偏差，或者还没有很好地大声疾呼来做这件事情。

春节和年

问：有过"一个国家两个新年"的说法，还用到了"年"的概念，但一个是"公历年"，一个是"农历年"。对于类似这样的观点或者提法，您是怎么看的呢？

刘魁立：我认为这样说是不完全准确的。我们没有把"公历年"当作真正的"年"，这是一个在行政层面上做书面报告和总结的时间点，从来不是我们心灵的一次翻新。我有一个说法，我觉得北京的建构，东西南北这四个方位，其实是实践时间。我在几次讲话里提到，在你们脑袋里面画一个表示空间结构的圆，然后标记上东西南北，底下是南，上面是北，右面是东，左面是西。你再把这个圆按时间结构放上，东、西为春分、秋分，南、北为冬至、夏至。这两分两至画好之后，再看看北京天坛、地坛、日坛、月坛。在这四个时间节点上，又有相应的仪式，祭日，祭月，一东一西，分别叫作朝日坛、夕月坛，现在简化称为日坛、月坛。

另外祭天、祭地，都在这个时候，我们通常说天南地北，方位在南边是在夏至的时候，是祭天的，后来改成冬至祭天。其实，冬至原本是祭地的，因为大地要苏醒。后来，我们建了一个世纪坛。我就老提问题，为什么要建一个世纪坛呢？有人说是2000年或者2001年叫新世纪。我说新世纪有什么含义？很多人就觉得我问的问题荒唐，说新世纪就是新世纪嘛。但是，这个"新世纪"其实与自然没有什么关系，不该叫作坛，这会让人感到莫名其妙。我举这个例子是说明什么？说明那个年和这个年，不是一个年，它那个年与我们"心灵的更新"没关系。

而这个年一旦叫成节，把它变成"二等公民"的时候，它就失掉了它自己的社会意义，失掉了它的文化意义，失掉了它的历史意义，失掉了它在我们整个社会发展进程当中的那个特殊意义，所赋予它的价值也就没有了。

问： 您在很多文章里都提到一个例子，就是关于"过年"变成了"春节"，您认为从"年"到"节"实际上是有一个简化的，或者说是狭义化的过程。能不能借这个机会，再阐述一下您这个观点？

刘魁立： 到今天为止，我仍然觉得"年"和"节日"是两个完全不同的概念。"年"和"节"不同，就在于它是两个完全不同状态的衔接。节仅仅是一个段落，而年是一个句号，是一种状态，是一个时间阶段转变成为另外一个时间阶段的一个非常重要的关节。这个关节的重要性，是任何一个节日都达不到的。所以，年这个事情特别特别的重大，等于人的一次重生，家庭的重生，自然的重生，社会的重生。所以，年的意义要远远超过节日的意义，而且超过的还非常多。可是，我们却随随便便地把它弄成这个样子。现在我们基本上已经再没有这种人的重生、自然的重生、社会的重生和家庭的重生，没有这样的氛围了。我觉得这是挺遗憾的一件事情，所以我认为还是应该恢复"年"。

问：您多次提到春节应该是"过年"，您给我们详细讲讲您的观点。

刘魁立：我先说时间。比如，我们讲地球的时间，用几十亿年。比如人活着的时间叫这一生。所有说时间的时候，它一定是辐照着一个具体的刻度的。当说年的时候，也是这个意思。因为年通常是指整个人类、整个社会，甚至于说我们每一个人的时间。

"年"这个词大概在我们的应用过程中，是指代两个不同的时间概念：一个是比较长的时段；另外一个是非常具体的一个时间节点。有时候我们人类对于我们所观察、所认识的对象给它一个名字的时候，它背后的那个东西是我们心里有，但并不一定会把它彻底表达出来的。

我举一个例子，我们现在的地名有的是指一个点，有的是指一条线，还有是指一片，就是一个很大的空间。比方我们说东单、西单，这是点。这些地方和长安街几乎是一样的，都是地名，但是在我们的心里面很清楚，一个是指着线，长安街是挺长的一条线，它的两侧都是指长安街。但是当说到东单的时候，就是指那一片地方，等于是那个十字路口，那叫东单，最多稍微再扩大一点，但依然是个点。再比方说天安门广场，你也可以说它是一个点，你也可以说它是一个面。要说东城区，那当然就更大了。虽然这些都是地名，但是我们的心里很清楚它们所表示的含义是不一样的。

当说到年的时候也差不多是这个意思，一个是说今年，它是指一个比较长的时段，就是从1月1日起到年底，或者说是从大年初一一直到腊月三十，就是这么一个比较长的时间段。它是整个时段，很长的一个线。假定说过年那几天，一听就非常清楚，这个"年"指的是一个时间的节点。当我们说年的时候，在不同的场合我们的心里非常清楚年的意思。所以，语言本身实际上是多义的。

过年、大年初一或年夜饭，当提到这个"年"的时候，我们心里是有一系列的内涵的，比如仪式性的活动，比如欢快的情绪，比如说特殊的人和人之间的关系，我们和工作之间的关系等，这些都包含在里面，但是我们并不会特别地感觉到这些内涵。

说到年味淡了的话题，我就常常会提这样的问题，我说年味在哪？年味在大街上吗？年味在鞭炮声中吗？年味是在吃饭的那个特殊味道里吗？说不清楚。但是我可以告诉你，年味更多的是在我们每一个人的心里，也就是说年味在我们的情绪和我们对这个时间的认识里。

当然，这个年也会有许多辅助性的东西，比如，这个时候人们之间的关系怎么样，街道会是什么样子，我们和工作的关系是怎么样，又比如大家休息，如此等等。

年味还要具备一些特殊的条件，比如我们看的电视节目，我们走在街上会看见很多商店，有的关门，有的卖年货，这都是年味；放鞭炮是年味，放烟火也是年味；串门儿是年味，走亲戚也是年味，如此等等。

但是我们从历史上看，这当然是一个非常重要的节日，有一系列的仪式性活动。如果把它做另外一种分析，它到底对我们意味着什么，而不是说就是那几件事情，就是一些具体的行动表现。

这意味着什么？我觉得可能有三点特别重要，我曾简单地说到过。

第一，人的重生。为什么说这个时候是人的重生？因为当时间作为一个周期，时间是从一个端点到另外一个端点这样不断地运动，所谓"不断"的过程，是体现在任何一个物质上的。比如吐丝的蚕，就是作为马头娘娘的那个蚕宝宝，它的一生是40多天。对于它来说，这40多天就是它的一辈子。

可是人的一生，如果我们要计算的话，可能就得用年来计算，比如，这个人50岁就过世了，那就是说他活了50年就过世了，岁实际上就是年，50岁就是生活了50年。这个年就是指一个周期。

"年"实际上是我们自己的时间过渡，我们非常明确地用一个尺度来衡量它，把它切开。既然是这样，我们就要看到，这个年和下一个年的接头，是一个特别重要的事吗？就是刚才我们说的，假定这是一个圆的话,现在我们的"年"是这个地方,那这个地方到底意味着什么?这叫昨天。

昨天的圈到这个时候算一个节点,算一个结束。而从这里开始是一个新的,这一个新的和过去截然不同。对于我们民俗学来说,这个叫作阈阁。

实际上,这既不是昨天也不是明天,是说在这个地方"三不管"。为什么说三不管?就像灶王爷腊月二十三上天了,到了初一我们得把它请回来。就是这一段好像似乎是没人管,但是,在这个时候有非常多的仪式。要想跨过这个时候是很不容易的,这是一个关卡。通常没有叫节关的,都叫年关,是因为它必须渡过这个关。

这在时间上是截然不同于任何节日的一个特殊时刻,是一个关。也就是说这之前的阶段和之后的阶段是截然不同的,所以才有了"一元复始,万象更新",另外一个元,另外一个时间。而这个时候的我已经不是昨天的我了。

我做过考察,到今天为止,很多的理发店在正月的时候还都是不开张的,是因为在腊月最晚的时候,也就是说到腊月三十,所有的理发店忙得不得了。我是在阴历腊月二十九的时候到清华池去调查。我问在腊月的时候你们上座率是多少?他说是平时的六倍。假定平时有100个人的话,现在每天是700人。

为什么在这个时候突然多起来了?就是说,你平时可以不洗澡,但是在过年的时候你必须是干干净净的人。另外理发、剪头、剪指甲、穿新衣服,所有的这些都意味着我不是昨天的我了。过节就没有涉及这些问题。

所以，人等于在这个时候得到一次重新的洗礼，重获新生，等于昨天的事情我已经画了一个句号，而今天等于是新的我，是一个新的人了。所以，在这个时候就有所谓的接受压岁钱，心情就截然不同，等于重打锣鼓另开张。

过去我们没有那个新年，就是没有公历1月1号的时候，农历新年就是一个极其庄严的时刻。

第二，我们要改变环境。北京现在很多稍微年轻一点的人，都不知道什么叫作糊棚。过去民房的天花板每年要用纸重新糊一层，叫糊棚。另外，北京有的地方要刷大白，各家都要重新刷的，那个很简单，有的稍微阔气一点的地方会糊新墙纸。在这样一个改变过程中间，我们还要贴年画等。这一套是什么？等于说是我们改变自己的生活环境，就是生活环境也重来了。

另外，我们在这个时候还要和天地对话，在许多地方到腊月的时候是要祭天的。过去是皇帝祭天，老百姓没有权利祭天，但是后来好像老百姓的地位也提高了，也有一些这样的活动。

我们和自然的关系，比如说送灶王爷上天，实际上是等于把我们的情况和天有一个交接，有一个汇报。这样，一种联系重建了。

所有的这些都是我们和自然的关系的一个重构，我们为了好好渡过这个时间，为了把我们自己的祖先也好，神仙也好，请到我们这里来，所以环境都要重新改变。我就觉得在这个时候，不仅人是要重生一回，环境也要重新改变，人和自然的关系也要重新改变。所以，它是一个环境的重构或者叫作环境的重建。

过去很多人家共用一个院子，大都要划一个界限，每家一部分，把自己负责的地方打扫得干干净净、一尘不染，整个环境里没有肮脏的角落。这当然就是一种重构。

我们在这个时候要把神"请"回来，要把祖先请回来，还要供奉。在吃年夜饭的时候，要多放一份筷子、碗、碟，然后再放一个空的椅子请神来坐，这就不会再有人坐了最上位，这里是神仙的地方，我们请来的神、请来的祖先都会有一个象征性的位置，然后大家再坐下来。

这个时候，我们和这些先人们会有一个亲密的接触。另外，这个时候你还要给老人磕头，过去叫作父慈子孝。

在这种情况下，我们还要做什么？还要通过长辈给小辈发压岁钱，孩子给老人磕头拜年，重新建构一种关系，就是把我们父子、母子之间的关系，要重新通过这种仪式加强巩固。这是第三个重要的东西。

亲戚之间平时可能不走动，但是在过年的时候要走亲戚，它实际上涉及族群之间的关系。我们还要给其他的朋友拜年，等于把我们的友谊重新巩固起来。所有这些都说明我们整个的社会关系，在"年"这个时点需要进行一次所谓的巩固、认定、加强、重建，这个很重要。

如果这样看的话，过年就是人的重生、环境的重建和社会关系的重构。但在许多人那里，没有强调"年"的这个意义，这个意义几乎被扔掉了。所以，当这个意义被扔掉的时候，我们的心情就变得不那么开朗，不那么神圣，不那么重要，不那么庄重庄严。剩下来的就是吃顿饭，看一个晚会节目。我们第一次看这个晚会节目似乎还多少有点兴趣，以后，年年如此就觉得乏味了，所以年味就淡了。

如果我们把刚才所说的这些，在我们的心里面把它的意义和价值特别强调出来，它就是常过常新的。所以我就说年怎么过？年味在哪里？当然也有一部分是在客观上，但同时也在我们自己的心里。这一点我觉得我们过去在改历的过程中，根本没有很认真地思考，所以就把我们的民族文化传统丢了。

丢了之后，一开始大家不习惯，后来久而久之习以为常了，而许多年轻人不知道过去那么神圣，没有很好地总结它内在的含义，对于年的认识逐渐淡了，渐渐地把最重要、最核心的意义全都弄没了。

所以，我为什么极力提倡"年"的称号，它的提法应该恢复，我们可以把阳历的"年"叫元旦，"年"这个词用在这里不合适。

问：照这样说的话，元旦就不要叫新年。

刘魁立：新年就是我们的年，所以"年"这个词不要给阳历的1月1日，它那个年不是一个关。我觉得，如果这样做的话，大概要在多方面加强这方面的认识。

二十四节气

问：2016年中国申报的"二十四节气"列入了联合国教科文组织《人类非物质文化遗产代表作名录》。我认为二十四节气跟您一直研究的节日有相通性，是提倡老百姓要去遵循的一种更好的生活方式，它们之间是有关联的。所以，我想听听您对二十四节气有什么看法？

另外，您对咱们中国人传统时间制度体系进入到这个名录当中有什么看法？因为在我看来，二十四节气跟一个工艺品，或一个民间故事还不一样，比如，它是一种世界观，它对宇宙是怎么认识的，它对这种气候是怎么认识的，我觉得这个是一种特别聪明和智慧的设计，所以我想请教您是怎么看的。

刘魁立：我把二十四节气叫中国人的时间制度。为什么叫它制度？制度是我们总结出来的一个规矩，我们必须按着这个规矩来安排我们的社会生活、劳动生活。我们整个人的生命、整个社会的进程，都是离不开时间的。而时间在一定意义上是没有的，因为它是物质存在的一个形态。有了物质才有时间，没有物质是没时间的。比如，这个茶杯，它的生命可能有十万年，也可能会很快结束。假定它是在一秒钟的时候被打碎了，就没了。所以，当说时间的时候，实际上是每一个事物它自己的一个长度和它在某一种状况下的一个节点，一个标志。这才叫时间。

那么，时间总要有一个标准来衡量。当你拿了一张纸的时候，说它有多长？那你得找个尺子，或者我们有一个别的标准，有一个所谓度量衡的东西。比如，我们用厘米来衡量，说80厘米，或者60厘米，或者30厘米。或者是用我们中国的尺子来衡量，6寸、7寸、5寸。总之，需要有一个标准。而计算我们自己的生活方式，需要有几个标准：第一个标准，就是我们大家都能看得见，这才能成为我们共同的标准；第二个标准，就是它永远是不变的；第三个标准，它必须是圆形的，就是有起始点和终结点。为什么是圆形的？因为它必须是循环的。不然的话，就没有办法测量了。

符合这三个标准的是什么？首先是太阳，天天出来，天天回去，是周期性的。我们大家都能看得见它，所以它是我们共同的一个尺子。这也没问题。另外是永恒不变的。去年如此，今年如此，明年还是如此，总是这样。那么这个就符合我们的三个条件了。不过，这个还短了。为什么说短呢？因为用现在的话说，一天才二十四小时。我们知道有更长的。更长的是什么呢？月亮，月亮（周期）比一天要长，月亮从出来到没有要经过30天。

所以，月亮这个尺子比太阳那个尺子长。有了这两个尺子，我们就可以来安排我们自己的活动。比如，两个人谈话，谈了多长时间。你告诉他半个太阳或半日。如果问你跟他多久前联系的，可以说半个月亮，就是15天以前。

安排我们自己活动的，还有一个更长的尺子，叫什么呢？叫年。年是什么呢？年是谷物成熟的一个周期。今年下了种，结了粮食，到了第二年再下种，这个长度，叫年。这大约是12个月，就是看见12次月亮的时候。但是准确不准确呢？不完全准确。为什么呢？因为我们和太阳的关系与我们和月亮的关系不一样。这两个尺子要结合起来。这是中国人的智慧。

中国人是种地的。种地不是靠月亮，是靠太阳的。因为太阳照在地面上，它就催生。天冷了，太阳就离着我们远了。我们觉得它一会出来，一会落下去。实际上应该倒过来，我们要站在太阳上看地球才对。可是，我们通常都是站在地球上看太阳，所以我们自己并不觉得地球在转。但实际上是地球在转，我们背着太阳的时候叫黑天。我们在不停地走，我们走在前面的时候，叫白天，对不对？

我们觉得太阳在变，而不是我们在变。实际上是我们在变，我们脚下的地球在变。我用这样一个通俗的办法来讲清楚时间的道理，同样也可以来说二十四个节气。

二十四节气是根据太阳来制定的。这样一个周期，等于说我们围着太阳转一圈，再回到原来的地方。把这一个长度切成二十四部分，就是二十四个节气。一开始我们不是这么切的，我们是看着太阳，什么时候白天、晚上时间一样长？秋分和春分；

什么时候白天最短、晚上最长？冬至；什么时候晚上最短、白天最长？夏至。这四个点容易找，我们最先找到的就是这四个点。

问：找到这四个点就找到规律了。

刘魁立：我列"两分""两至"这样就找到规律了。然后才有立春、立夏、立秋、立冬这"四立"，这样我们就有这八个时间节点，也就是八个节气。然后再分，在每两个节气之间，再插上两个，就变成了二十四个。我们是根据太阳做的这样的切分。我们中国人是靠二十四节气来种地的，所以谚语里面就说"过了芒种不能强种"。你再下种也没用了，因为它不会再成熟了。

到什么节气，该干什么事，春天做什么，夏天做什么，农谚都规定得非常清楚。过去家家有黄历，干什么用呢？就是看着黄历来安排自己的生活。这就叫二十四节气。我们中国的二十四节气应该是比外国的阳历还要早，这个完全是阳历，是根据太阳来的。

我们还有一个阴历。月亮来了，叫初一，月亮没了，叫三十。月圆的时候，我们叫十五。在半个月亮的时候，我们叫初八或二十三。所以，我们的节日都是根据月亮来的。比如过去说的元旦，也就是大年初一。头一个月亮刚一冒出来，这是正月初一，然后初二、初三，走走走，走到正月十五。然后再往前，走到正月三十。然后第二个月亮重新再出来，叫第二个月。正月、二月是这样来的。可是如果按着月亮一直这么走，就感觉不对头了，因为我们的劳动生活是靠太阳的。

那怎么办呢？我们中国人是非常聪明的，就在阴历里面放一个闰月。一年的长度，根据太阳来说大约是 365 天，我们才能回到原来的地方。可是如果按阴历来算，12 个月 360 天，差五六天，如果过 10 年就差五六十天。要过 50 年呢？那就乱套了。

这就需要采取一个办法，让它们两个能够合在一起，于是我们就放了一个闰月。这个历法不叫阳历，也不叫阴历，叫阴阳合历，既照顾到二十四节气，又照顾到月亮，最后放一个闰月来调整它们之间的关系，让它们能够永远保持一致。这是中国人的发明。

大多数西方国家只有太阳历，而伊斯兰教通用的历法只有太阴历，中国人有这种智慧，把太阳历跟太阴历结合在一块，变成我们现在的既有二十四节气，又有初一、十五的历法。我们正是通过闰月把这两个看起来完全不相干的事情协调起来，我们的阳历就是二十四节气，很早就有了。

这两样东西，阴历表达我们的情感，它非常的正式，所有的仪式性的活动都在这个时候，宗教活动、信仰性的活动和祭祀性的活动，都在阴历，但是我们的劳动生活都在阳历，我们这两个结合得非常好。这是很了不起的，并不是说我们发明了二十四节气就了不起，而是我们把这两个能够结合在一起来处理，很了不起。

在讨论二十四节气的时候，我认为一定要注重它的性质和整体性。二十四节气是干什么的？二十四节气是管我们劳动生活的，而阴历是管我们的信仰、管我们的情感的。我们的节日都是靠阴历来做的。

年也是这样的，正月十五、七月十五、八月十五的节日都是这样，连月半的时候，腊八、腊月二十三也是这样。腊八正好是一半了，腊月二十三也是一半了。所以七月七也是一半。很多人没有很好地把这两样东西搞明白，没有把它们之间的关系弄得很清楚。这个就是我关于二十四节气的一些认识。

问：是。那如果这么说的话，咱们一开始申报二十四节气的时候，其实好像也少报了另一半？

刘魁立：不是的。我们申报的保护项目叫二十四节气，报的不是阴阳合历。

我们只能就事论事谈二十四节气。但现在理解和宣传二十四节气的时候，一定要从整体性说明它。

问：您跟我讲了以后，我觉得一下子打开了视野。根据气候，我们就有一些活动、一些内涵，跟人家不一样。您讲完后就很完整清晰了。

刘魁立：二十四节气似乎没有像节日那么重要。二十四节气的清明，实际上是融合我们过去的上巳节，就是三月三，还有寒食节。其他的节气，虽然有时也有节日的某些因素，比如夏至、冬至，但基本上是关注农事活动和日常生活的，更重要的是，反映人们对气候、物候变化的认识，以及所采取的相应对策。而我们自己表达情感的节日、调整人和人之间关系的节日在阴历，而不在阳历。阳历是我们和自然的关系，而人和人之间的关系，所谓社会关系，是看阴历的。所以，我多次说过这个事，有的时候非常容易把它说清楚。

问：我觉得可以更多地普及一下这方面的内容。我听了以后，也觉得开眼界，我原来没想过它们可以合在一起。

刘魁立：这对中国人来说，不觉得费事。把两个结合起来，就有了闰月。我们年年过年是在冬天，假定没有闰月，我们会跑到夏天去过年了。有些民族把自己的节日与阳历联系起来，所以他们表达情感，就不能像我们这样和自然发生关系。

所以，这是中国人特有的审美，别人没这样的审美。我们的审美是和自然连在一起的，我们是自然的一部分。

中国人顺应自然，我们是和自然一起过节。他们就不是和自然一起过节。

传统文化与非遗

问：提一个比较大的问题。传统文化咱们中国人都知道，耳熟能详，是咱们原本的一个概念。非遗的这个概念，其实是这二十年才有的。请您谈一谈，您认为传统文化跟非遗的联系在什么地方？不同在什么地方？据说，因为非遗的出现对传统文化发展有了促进，改变在什么地方？

刘魁立：这样说吧。传统文化是一个更大的概念。但是也不能说非物质文化遗产就是它下面的一个概念，因为它们不是在一个体系里。

不是在一个体系里的，所以就不能说谁统（率）谁。但是就范围来说，传统文化的概念要大得多。按非物质文化遗产的特质来说，它有几个重要的定义：第一，它应该是社区、群体的文化，有的时候是个人的，但主要是社区和群体的一种文化；第二，它一定是被大家认为"它是我的遗产"，说的是对它的所谓感情关系，这是我自己的事，这是我的生活方式，我愿意这样做，这是我的情感所在；第三，它是历经锤炼，有很长的历史的，是一个传统，而这一点和传统文化是有一定关系的。就是说，它有一个非常长的、在我自己的生活当中存在的历史。这几点是非常重要的。这几个因素是必须有的。但是，有的时候不是所有符合这几个要素的这些东西都可以进来，之所以要推出"非遗"的概念，是因为有一部分东西，过去没有给予特别关注，现在要把这一部分拿出来特别关注。这就是联合国教科文组织规定的一个范围，和我们自己《非遗法》里规定的范围还不完全一样。

为什么叫它非物质呢？比如我们有《黄帝内经》，有"样式雷"①建筑图档，它们都是人的智慧和人的操作的技能。可是，它们在过去都没有被直接关注到，没有被视为保护传承的操作对象。我们讲到自然或文化遗产，通常是在关注它的结果，关注它的"成品"，关注那个物质的对象。

而世界记忆，是关于它们的记录，关注的是它的做法、流程。而它体现出来的智慧和技能，就是我们说的非物质文化遗产。那么孔子的学说是不是非物质性的？当然是非物质性的。但是它是已经有了关注的知识，而我们现在需要关注的是那些过去被忽略的。现在《保护非物质文化遗产公约》给出了五大保护领域，我们基本上是在这个范围里工作。就是说，所谓"非遗"是有特定所指的，而不是一切非物质文化。故宫是文化遗产，但是我们还

---

① 样式雷是对清代200多年间主持皇家建筑设计的雷姓世家的誉称。

必须要关注建造它的人。我们需要知道，他们身上的智慧和技巧。光有图纸行吗？图纸有了，故宫这个物质对象也有了，还不够，还需要有人会做卯榫结构这一类的技术，知道一整套的建造工艺流程，这叫非物质文化遗产，这就是现在我们想关注的对象。只是有图纸也不行。再比如说炒茶，锅温有几百度，就两只手在那里抓。在抓的过程中，他要知道炒到什么程度了，这是需要手来感觉的。实际上，各个行当都是需要有这些特有的东西的。

问：也就是说，现在关注的其实比原来关注的已经有进步了，已经开始关注它的智慧性和它的发展性的东西了。

刘魁立：就是实践，实践里头的东西。

第五章 非物质文化遗产保护历程

《保护非物质文化遗产公约》与非遗

问：20世纪80年代联合国有了保护文化多样性的一系列公约，有学者总结为三个公约。您作为老一辈文化工作者，当时联合国这个公约出台的时候，是第一时间知道的，还是后来才知道？当时学界是怎样的反响？

刘魁立：从某种意义上说是在《保护非物质文化遗产公约》出台之前，我就对这件事情有所关注但并不像后来知道的那么清楚。最早做的这些工作，尽管没有很明确地提出来要保护传统，可我们从来没有否定过去编纂民间文化志书的这些工作，这一点我再三说过。当时的目标和现在的目标不一样。当时的任务是记录这些东西，所以当时的口号叫作"记录和抢救"。

问：时间是20世纪80年代吗？

刘魁立：对。这是当时的任务，应该说当时完成得很好，而现在提出来的新的概念叫作"保护"。这个保护是在原有基础上提出来的一个传承的新任务，过去从来没有，虽然偶尔也提出过传承问题，但是并没有把眼光放在未来。传承不是今天的事，传承是关注未来，而保护是把眼光更多地放在昨天，就是记录。所以，过去的整理是带有"立此存照"性质的，是关注昨天，而现在是关注未来和现在，这是两者的区别。但那件事情是这件事情的基础，有人一定要说这个比那个强，或者是那个又怎么怎么样了，我认为诸如此类的说法缺少历史观点。如果这样看的话，大家都是在做一件事情，只不过在不同的历史时期完成不同的历史任务。现在再去记录，没有一个超过那个时候的。这是因为时代不同了，现在再没有那个环境了。现在的这些故事家全不是那时的那些人，讲述的作品也不同了。我们过去做的事情等于说都是为今天的非遗保护做基础，在某种意义上，我们先前已经走在这条路上了。

有一个具体的事情，非常有意思。我过去一直参加芬兰的学术活动，那个时候，劳里·航柯领下了起草联合国教科文组织关于《保护民间创作建议案》这个任务。第一件事情是进行考察，他带着几个印度学者，一路从印度到中国，一直走，后来在芬兰召开会议。中国有两个人参加了这个会议，一个是我，另外一个是王铭铭。我们讨论的是调查的结果，谈的是口头传统。非遗保护先期我们已经有了参与，那个时候我们的考察都是为了这件事情。这可能是最早的。

问：具体是哪一年？

刘魁立：大概是 1984 年到 1985 年。那时候王铭铭还在英国学习，他是在英国的留学生，还没回国。我就跟他说，你跟着我一块儿吧。于是他就从英国过去了，那是我们第一次做这件事情。这个事儿我也从来没说过，别人也不知道。

后来他们有了《建议案》，翻译了之后我才看到，大概是这样。这个就是后来所谓《公约》的一个先声，推动了公约的出现。所以我一直说，1972 年是《保护世界文化和自然遗产公约》颁布，差不多在 31 年之后，2003 年《保护非物质文化遗产公约》出台，中间的经过就是前面我说的那件事情。在《建议案》之后，又出台了一个"世界记忆（工程）"，中国的《本草纲目》《黄帝内经》，或是"样式雷"建筑图档等，都入选《世界记忆遗产名录》了。实际上《黄帝内经》也好，《本草纲目》也好，都是对非物质文化遗产的记录，现在变成了世界记忆遗产。如果把这两个联系起来看，这个线索就非常清楚了。所以，世界记忆和非物质文化遗产已是一步之遥、一墙之隔，等于说世界记忆再跨一步就进入非物质文化遗产了。总的来说，我们的遗产保护一开始先是实体，也就是所谓的物质，包括自然的物质、创造出来的物质，比如万里长城、泰山、故宫等，这些东西是建立起来的物质，就是非物质文化遗产的物质体现，但是当时还没看到里头的东西。再进一步，就是"样式雷"一类的文献。因为"样式雷"是实际操作的一个体现，包括它的先期设计和后来施工的记录。再走一步，就是非物质文化遗产。这类似于现在体育项目的三级跳，我们的遗产保护实际上是这么跳过来的，而中间起核心作用的就是前面说的《建议案》，最后促成了后面的非物质文化遗产保护。这大概就是我们所理解的整个过程。

问：2001年的时候，在我们有《人类非物质文化遗产代表作名录》之前，昆曲最先被选入到"人类口头与非物质化遗产代表作"，当时选送昆曲的过程您经历过吗？

刘魁立：我没有参与。当时都是艺术研究院的人来做，是王文章、张庆善、田青、刘文峰这些人做的。后来等到古琴申报的时候我就参加了。这就成为一个要重要推广的事情了。申报完了之后开了一次学术研讨会，我的第一篇论文就是谈非遗的整体性。一直到今天为止，我觉得我们在整体性这个问题上做得还是不够好。

非遗的共享性和文化认同

问：后来联合国发布了"名录"。"名录"不只是一个名单，我的理解是，国家要申报是要先在那上面挂上号。其实就是怎样去真正地把它保护起来，或者是其他方面的，我们对这个关注得并不够。

刘魁立：这件事是这样的。这个名单公布出来，实际上等于说，要让全世界的人，让整个人类都关注这个事情。告诉大家，虽然某一项非遗可能是某一个国家或某个民族创造出来的，但是它是我们整个人类的文化财富，我们大家应该给予关注。至于保护它，首先还得是保护它的群体，这个群体比别人更关注它。比如二十四节气，别人一定很欣赏，一定很赞成，说这很了不起，是我们人类的智慧和结晶，但最终真正保护它的还得是中国。

但是我们承认它也是我们的财富就够了。我说，我们每一个人都和这个世界有相当多的关联。我举几个例子。一个例子是水，当我们浪费水的时候，实际上我们浪费的不是自己的水，是人类的水，全世界会有一天出现这个问题。像空气也是这样，你在这里污染，实际上地球它是一个统一的环境，为什么日本的核泄漏对我们有很大的影响，实际上它是对整个世界的环境造成了极大影响。我还举一个例子，比如使用纸，我自己花钱买的纸，我愿意怎么使就怎么使，和别人一点关系都没有。可是，如果我要随随便便浪费的话，就等于是浪费了地球上一棵树的一部分。那么不浪费的话，地球的空气就会好一些，沙化的情况就会减少一些。所以，如果这样说的话，你浪费的实际上是人类的资源，是地球的资源，因此，一个人和整个地球上的其他人都是在同一条船上，一起过日子。所以，你不能随便乱来。

我所说的共享，就是人类可以共享这种非物质的遗产，物质遗产是不行的，比如中国的长城搬不到外国去，但是造长城的办法我可以教给你。这就等于说，如何制造电脑虽然不是我们的发明，但它会给中国人造福。这也是非物质文化了。从这个意义上说，非物质文化相互之间的关系，就是彼此可以推进整个人类文化的发展，是彼此共享，大家都可以互相借鉴的。非物质文化和物质不同，我有一个杯子，你永远用不了，如果你夺了过去，我就没了。但是我可以告诉你这个杯子是怎么制造的，这个方法你可以"拿"去，你也可以自己去制造杯子。

所以非物质文化遗产的意义还是很大的，就是它可以共享。

问：您谈到了非遗的几个标准，顺着这个问题我想请您谈一下,一个社区或者说一个族群,如果对自己的非物质文化遗产没有达到从心理的这种文化认同的话,或者是原来认同过,现在不认同了,那这个非物质文化遗产还成立吗?

刘魁立: 你举个例子。

问: 就还举二十四节气的例子。比如原来中国人都是这么过的,那如果说西方的这种公历来了,我们就按照公历来生活了。然后阴历或二十四节气,我们都忘了,都不要了。如果是这种情况的话,我们再谈二十四节气或者阴历,这还算是我们的非物质文化遗产吗?

刘魁立: 我给你举个例子。日本的历法是在明治维新之后改的。他们原来是按照咱们的历法,就是阴阳合历过日子的。后来他们说要去中国化,学习西方。因此,1868年搞了明治维新,把历法也改了。改了之后,老百姓一时接受不了,说过去我们的阴历五月五,是端午节。现在改了之后,就得提前了,这就出现问题了。这个"新"端午没有原来的气候什么的,就感觉不对头了。又比如三月三,我们叫上巳节。他们在这个时候,冰都还没化呢,以前的仪式活动没办法举行,就把三月三改成了女儿节,女孩这个时候在家里弄一些手工布娃娃。五月五怎么办呢?就改成男孩节,挂鲤鱼旗。那么,现在你还能把它叫端午节,或者是上巳节,或者是三月三吗?都叫不了啦。他们的历法改过去了,等于说他们把原来的传统都丢掉了。不过，他们最早的传统也是从中国过去的，也是外来的，所以他丢得掉。我们中国现在丢得掉吗？中国丢不掉，比如我们的二十四节气，已经有三四千年的历史了。我们所有的节日，如果从汉代算的话，也有两千多年的历史了，所以我们丢不掉。这些是我们自己的发明，我们就更加丢不掉了。这是我们老祖宗一直留下来的，所以我极力反对把过年叫作春节，"年"与"节"是两回事儿。年永远在我们的心目里，永远丢不掉。这大概就是我说的，传统与现在被改造了的传统、传统与恢复传统之间的关系，有些东西我们实际上是忘了。但是在忘了还不是很久的时候，也可以逐渐把它恢复起来。比如，我们的二十四节气，有一些地方到了立冬的时候还过，到了立春的时候还过，是吧？他们自己又重新把它捡回来。我就觉得捡回来也很好，恢复就恢复，没问题的。

非遗的中国化保护

问：在 21 世纪初非遗进入中国以后，当时联合国实际上只有《保护非物质文化遗产公约》，具体如何操作是由各个国家自己去探索的。我国在设计，比如遗产名录的甄选问题上面，由县到市到省到国家，这是一个四级机制。另外一个是传承人机制，成效都很显著。您能回顾一下，当时非遗这项工作进入中国时，中国政府、学界是怎样应对的？如何逐渐形成了今天我们看到的这样一套非遗的工作体系和机制的？

刘魁立：最早是"就事论事"。联合国教科文组织的中国办事处设在教育部，教育部只有两个年轻人在管这些事儿，在联合国教科文组织有了第一批名录的时候，他们就把这件事情交给中国艺术研究院，艺术研究院选来选去，就选了我们前面所说的昆曲。后来昆曲申报"人类口头和非物质文化遗产代表作"成功以后，全国也无声无息，报纸上只有一些简单的报道。当时艺术研究院做申报片子的时候是在电视台,电视台没有饭,还是他们的副院长张庆善,亲自提了菜和饭送过去,申报片子就是这样做成的。日本与中国相反,他们成功申报的第一个项目是"能",是一种古典戏曲,他们在申报结果宣布出来之后举国欢腾。与很多国家相比,中国很早就申报成功了,但没有发出声音。当然,那个时候还没有"政府主导"一说。在这个时候,文化部明白了,这件事情不得了,于是开始着手办这件事情。谁来负责呢?当时让社会文化图书馆管理司负责。这个司的司长是张旭,副司长是周小璞。周小璞就召集一些人,首先是找到我。我就请了几位专家学者,高丙中、刘宗迪,还有科学院搞科技史的几位,我们大概四五个人,在北京的四川办事处进行讨论。大概半年的时间,国务院办公厅下发了关于保护非物质文化遗产的工作指南(《国务院办公厅关于加强我国非物质文化遗产保护工作的意见》,国办发〔2005〕18号)。这是第一个关于非物质文化遗产保护的文件。

问:那是哪一年的事情?

刘魁立:2004 年左右。

具体时间周小璞都记得很清楚。这第一个文件完全是草创,当时是由国务院办公厅发的。紧接着很快又发了一份关于非物质文化遗产保护的文件(《国务院关于加强文化遗产保护的通知》,国发〔2005〕42 号)。

这大概是最早的制度设计,后来就涉及行政问题了。那个时候分管这项工作的是文化部的周和平副部长。我个人当时的想法是这样的，就觉得好像不应该那么快，做那么多、那么大。我想渐渐地把它的声誉提得高一点，比如，我们国内的非遗保护项目能有一百个、两百个、三百个，那就很了不起了。没承想，到后来这么多。现在想想，这也许是对的。原因就是像在中国这样一个地方，需要用一点声势，要把局面打开才行，也许这是中国的特点。中国是很大的一个国家，要想做一件惊天动地的事情，很不容易，一定要有一个很大的规模，让所有人都知晓，这样才会产生所谓的轰动效应，才会有一个局面的存在。所以，第一次组织申报国家级非遗代表作项目的时候就一定要有声势。从那个时候一直到今天，我基本上都参加了。

我国申报的第二个人类非遗代表作项目是古琴。在做准备工作的时候，艺术研究院请田青、项阳等评委预热了一次，我们请联合国教科文组织相关人员到中国来参观，事先给他们讲一下古琴的历史。后来申报了古琴，很快就顺利通过了。大概是2003年。我对那一次晚会到现在还记忆犹新，田青先生对古琴做了翔实而深入的诠解，古琴的制作比照的是我们对天地和自然的理解，非常有意思，大家感到非常的惊奇和意趣盎然。

我在这里想要特别提出的是非遗项目化之后，要坚持对传承人有所表彰。当时，第一次传承人命名的时候，我就说他们是文化历史的创造者，应该对他们脱帽行礼的。过去我们关注的都是名人，而我们现在关注的这些传承人在社会上从来没有什么名气，过去是不见经传的，但是他们是创造中华文化的主力军。所以，传承人的认定，实际上是在给这些普通老百姓的创造能力正名，他们的地位应该得到相应的关注。

问：我们知道，非遗保护工作一开始，您就参与进来了，并担任过多次非遗评审，经历过多次关于非物质文化遗产的历史性会议，为非遗建言献策。以您的亲身经历来说，能谈谈您印象比较深的事情都有什么吗？跟非遗重大事情相关的，或者说标志性的事情，您给我们讲讲？

刘魁立：大概有几件事情可能特别重要。最早我们起草了一个指导意见，就是关于非物质文化遗产保护的指导意见。大概是21世纪之初，从2004年开始，当时的文化部请了几个人组成了一个研究工作小组，在四川办事处差不多工作了好几个月。周小璞副司长代表文化部组织领导了这项研究工作。制定了一个非常重要的文件——《国务院办公厅关于加强我国非物质文化遗产保护工作的指导意见》。这是最早的，当时还没有《非遗法》。后来成为《非遗法》的参考。

再有一件事情，就是我第一次发表文章，是在北京二十一世纪饭店。当时这也是第一次召开关于非物质文化遗产的会议，我有一篇特别长的文章，谈到了几个问题，保护好非物质文化遗产的几个特性。这是一次。

还有一次就是在《非遗法》出来的时候，我在全国人大常委会给人大常委们做讲座，就是先给他们讲，让他们明白。

当然，后来有许多事情，包括准备二十四节气的人类申遗工作，差不多在两年当中，开了十六七次会，我大概参加了十四五次。

问：这些会议是文化部组织的？

刘魁立：是文化部非遗司组织的。比如，召开了八次关于太极拳申报人类非遗的会议，这些会议基本上我都会参加，对申报材料一字一句地审查，包括申报文本的标点都要改，然后申报，最后通过。其他申报项目也都是这样。

还有一件事情，挺有意思的，就是韩国的端午祭。这件事后来比较热闹，很多人发言，我没怎么说话，但是我心里非常清楚。我说，非遗既然是各个国家可以互相共享，我们中国人有这样的一个成就，别人学去了，有什么不好？另外，人家也说是从中国学去的。不过那个端午祭已经不是中国的了，我说这也不是坏事。后来，我看到有的年轻人说我是吃里扒外，就是等于向着外国说话。我觉得这件事情其实挺有意思的，后来有人就说，你怎么不反驳？我说多可爱啊。他为了这个事情已经气愤到这个程度，他是爱国，我说我用得着去跟他讲这个事吗？有人就觉得这对我不公。我说你看他的爱国情绪到了这种程度，他是可爱，而不是可恨了。

问：您是非物质文化遗产国家专家委员会主任，您是哪一年开始进入这个委员会开始工作的？工作当中都发生过什么事情？比如，每年开几次会？怎么开会的？哪件事让您印象特别深，评审了什么？

刘魁立：从2006年有专家委员会的那一天起，我就是专家委员会的副主任。到2018年，文化部才宣布取消"专家委员会"的设置，不再有这个称呼了。

当时好像是三年，还是五年一届，两任部长都给我们发过聘书。这个委员会的基本工作除了讨论一些重大的问题之外，可能有几件事情比较重要，比如几个名录的评审工作，包括代表作名录、传承人名录、代表性传承人名录的评审，还有以非物质文化遗产为核心的文化生态保护区的评审。

另外还有向联合国教科文组织报送申报名单。我们的工作主要是提议，包括讨论申报书，确定候选名单和最终申报项目，这些都是由专家委员会来做的。

现在有一个由部长、有关司局领导组成的领导小组，而专家都是在专家库里面随机选取的。我也在这个小组，大家通过这个小组来讨论研究一些问题，比如具体确定一个名单要经过领导小组，然后才送交部务会议，就是部长会议。最后才交给国务院。我们基本上是在这样一个过程中做评审工作的。这个小组没有所谓的常设机构，也没有一个正式办公的地方，如果需要一起讨论了，大家就一起来做。

问：我们知道，那个时候发布的内容已经很多了。传承人名单也好，名录也好，都已经好几批了，有没有您印象比较深刻的。比如说，在评审现场专家讨论时，大家认为哪个地方报的项目不是很合适，或者是哪个地方报的特别好。

刘魁立：这样的事情经常会有。我们常常要对候选的申报项目进行实地考察。比如对文化生态保护区的审查，第一个是在福建，我们对闽南文化生态保护区做了一些考察和调查。另外，地方上也常常请我们去评估，这个项目行还是不行，有什么问题，怎么写申报书，我们要为这些工作做一些指导。这样的活动也比较多，一年到头像这样的出差不下几十次。

问：比如说，您前面提到的太极拳，这是我国向联合国申报的。这种申报，大概是一个什么样的过程？比如是国家确定的，然后由专家们讨论可行性的，还是说也是有候选名单，然后专家们再讨论？程序是什么样的？

刘魁立：大概是这样，起初的时候，第一次和第二次都比较简单。为什么呢？联合国教科文组织提出来设立这样一个所谓名单的时候，我们在2000年就开始做工作了，那个时候是在中国艺术研究院询问意见，定名单。艺术研究院是文化部所属的研究机构。他们确定第一个项目是报昆曲，我们就报昆曲没有什么问题。然后再报古琴艺术，这也没有问题。因为这两个项目比较成熟，比较简单，没有太大难度。后来非遗成为一个全民关注的国家的行动之后，有了专家委员会，包括有了下面的组织。

再一个比较特殊的情况，申报人类非遗项目原来是由文化部社图司来管，后来才成立了非物质文化遗产司。社图司管理的时候，我就参与进来了。2000年、2001年、2002年我就开始工作了，到2003年，工作已经很正式化了，大概就是这样一种情况。在这样的情况下来确定准备申报的人类非遗代表作项目，向联合国教科文组织提出申请名单。

第三次申报已经组织专家委员会讨论了。在提出预备名单的时候，专家委员会要拿出一个意见。

在第一次、第二次申报的时候，大家就认为向联合国教科文组织申报的这件事上存在着不公平的问题。为什么不公平？因为联合国有这样一个公平原则，要求每个国家提出一项。这当然是公平的。但是说它不公平，是因为有的国家很小，民族也很少，历史也很短，是一项。其他国家也只能是一项，比如像中国这样的国土面积很大、民族很多、文化历史悠久的国家也只能申报一个项目。这种情况就不合理。

我们在想，用什么办法才能达到合理。有一种办法，就是每个国家都自己申报，这就公平了，你愿意多报就多报，愿意少报就少报。如果每个国家只报一项是显示公平的话，那么这种办法就是显示自愿。你报多了，也是你的自愿，报少了也是你的自愿。这也是一个公平的办法。这两个办法看起来都公平，但是后一个更加公平。于是，就在这一年，我们按照这种办法讨论。那个时候传来消息，说是印度要报 30 项，有人忽然夜里打电话到我家里，说是要讨论，咱们应该怎么办。那会儿已经是夜里 11 点了。他们后来在文化部进行了讨论。

问：大概那是哪一年？那一年咱们申报了多少项？

刘魁立：我印象是 2004 年。那一年咱们申报了 32 项。当时我们认为，至少我们得比印度多吧。这样，确定了申报的名单。当时讨论究竟报哪些项目，最后确定，我们主要是在讨论这件事。当时是由非遗司提名，加上我们大家的讨论，最后决定报 32 项。最后批准了 22 项人类非遗代表作名录项目，另外还有 3 项列入《急需保护的非物质文化遗产名录》，其余的我们都撤回了，撤回就不参与讨论了。这样的话，下一次我们还有机会申报。因为假如参与讨论时被否定了，下一次就再没有机会申报了。

那么，剩下的就等于是预备名单了。后来再确定名单时，有的时候除了考虑专家意见，还有可能考虑综合性的意见，再由文化部确定。正因为这样，它的意义就很不同。涉及排名顺序时，有的就要靠前。比方说二十四节气、藏医，都提到前面去了。为什么提到前面去呢？因为从国家层面来讲，我们是把它看成对外交流的方式。有时候我们就想到这个是国际性质的名录，会比较容易产生争议。比如说藏医，当时也传到了印度，这涉及外交问题，也涉及文化隶属的问题。那么，把藏医提出来，具体从哪个角度提呢？角度选不好就有问题。藏医药，应该可以申报。药浴更没问题,因为它的治疗没有所谓流血的问题,不出血,很安全。针灸也是这样,不出血。

问:那么这个怎么提,从哪个方向提,或者是怎么才能使申报通过,这是专家做的。

刘魁立:专家的工作涉及这几方面,其中有些工作内容和外事部门也有关系。因为在联合国教科文组织那里,也有我们自己的代表,他们也会了解国际情况,再加上我们行政领导会考虑到国际上的这种现实情况,最后汇总意见确定的。这是我们一个综合性的意见。当然,这里面也有专家的意见,包括我们的民族政策、学术上和非遗的实际情况等,在综合考虑的基础上,确定一个名单。

问:那比如说太极拳,也会出好几个项目讨论吗?

刘魁立:在选择的时候,当时会有两个或者三个项目,大家要讨论哪一个在前面,哪一个在后面。因为现在排着队等待申报的人类非遗代表作项目有一大批。比如说,原来申报的三十几项,我们撤回来的项目还都在这个预备名单里头,但很难说哪个在前,哪个在后。比如说年画,它一直在排着队。到现在为止,年画我们已经讨论过很多次了,申报书也有了,但是并没有拿出来。当年的调研,中国民协也参与了。冯骥才、潘鲁生都来过,但是现在还没有进入到申报的阶段,因为不断地会有一些新情况出现。比如说太极拳,比如说藏医药,都是因为特殊的历史原因和现实情况才被列为申报对象的。

问:项目申报会考虑很多因素,对吧?

刘魁立:申报什么项目是根据实际情况确定的。要考虑到申报项目在世界上影响力的问题。太极拳在国际上有较大的影响,但说到年画,对于我们中国人来说,这是一个很好的、很重要的项目,和我们"过年"有着极为密切的关系,只不过可能它的国际影响不像太极拳的影响那么大。

问:您刚才说到传承和传播,我们时常能看到您参与的非遗活动。2018年6月份,我在中央电视台看到您参与的一档栏目,是普及非遗的,您是总撰稿。能说一说,您在非遗传承和传播方面,或者是说非遗普及方面,都做了哪些工作?

刘魁立:我在一定意义上被非物质文化遗产保护这样一个历史实践所感动。所以,在相应的场合,我能够对它唱赞歌,或者是对它提出自己的一些感受和建议。我是怀着一种非常喜悦、非常庄严的心情来做这件事情的。比如说,我们曾经在台湾地区办过一个非常好的展览,叫"根与魂——中华非物质文化遗产大展"。那是整个大陆的非遗在台湾同胞面前一次非常好的展示。当时是文化部副部长赵少华带队，在那里做了非常好的宣传和文化交流。

另外，我们中国在其他的环境里，比如说文化部在丝绸之路沿线、在俄罗斯等国家也做了许多的事情。我在咱们的澳门和香港，也做过非物质文化遗产的评审工作，给港澳同胞做非遗的宣传推广。另外在所有的场合，比如说，评传承人的时候，我提出来说，我们的这些非物质文化遗产传承人是文化历史的创造者。这句话过去可能在某种意义上也有这样的意思，但是能够在第一次公布传承人名单的时候提出来，更能充分地表达自己心中的想法。我的这些话都是有感而发的。

在2003年，我提出来所谓非遗整体性的问题。当时非遗保护刚刚开始，到现在已经十几年了。

还有在非遗立法的时候，除了多次参加讨论，我在人大常委会举办的有关《非物质文化遗产法》的讲座中提出过一些想法和要求，在这之前，还就非物质文化遗产保护参与制定过一些条例。这些事情，现在看起来都成历史了，但每段历史都有一些值得留恋的东西。说老实话，我对于这些工作的重要性有特殊的感受，也被这些传承人的贡献所感动，我才有了这些认识。当然，在这中间，因为我们积累了关于过去的一些历史教训，才有了我们这个时代和这些政策，我自己也才有了很多的认真思考。不然的话，我们没有这些认识。

过去我们扔掉了很多东西。现在我们意识到了，又重新回过头来把它捡起来。当然，这需要你对它的价值、意义做出思考。

我们做的这些工作都不是勉强的,而且没有被当作是一个特殊的任务,不是仅仅把它当作一种工作来做。这是我们自己自愿的行动,是一种文化自觉,也就是说是一种志愿者行为吧!我觉得这个事应该去思考,应该去做。大概就是这样一个态度。"噢,这是我的一个行当。这是我的一个研究,一个课题。"这就是我的一些感受。

非遗传承人工程和抢救保护

问：关于抢救性保护也好，生产性保护也好，文化旅游部等政府部门做了一系列的工作。比如说在抢救这个问题上，这几年就有文旅部的国家级非遗代表性传承人抢救性记录。接下来希望就几个比较有代表性的工程听听您的看法，它们产生的背景，实际的效果，以及您对它的基本评价。先从国家级非遗代表性传承人抢救性记录来谈谈您的一些看法。

刘魁立：我没有参与抢救性记录的实际工作，原来在中国艺术研究院专门有一个做记录工程的部门，后来并入中国非物质文化遗产保护中心了，名字叫"中国记忆（工程）"。当时也曾经设计过一些问卷，有过这样的一个过程。

我对这件事情是这样看的。当一个历史阶段走过去的时候，我们常常回过头来觉得这个历史阶段非常可惜，就是没有留下很深的痕迹，只有一个大体的印象。而非物质文化遗产的保护，过去一直就是这么过来的。关于传承人，我们几乎谈不出特别有实际内容的东西。过去我曾经有一段说明，我们的历史上留过几个传承人的名字？一些兵马俑的衣摆上刻着制作者的名字；南京明长城，中间有一段扒开了之后，有很多砖上刻着名字，谁谁谁做的。窑工，姓卢的，叫卢立，是烧窑的。另外谁做的砖，砖工，是广福寺的和尚们做的。这些都有名字。但是当时为什么会有这些名字？吕不韦曾经在《吕氏春秋》里最先提出"物勒工名"，就是东西上头要刻上谁做的，把名字写上，"以考其诚"，就是检查你做的时候是不是用心。"工有不当，必行其罪"，要是做得不好，偷工减料，要惩罚，要拿你问罪的。这是过去的一些传承人能够留下名字和记录的原因，但是，我们从来没有系统地记录过，咱们中国的传承人，一个都没有。我们对于他们的历史面貌完全不清楚，今天我们有机会做传承人的记录，我觉得很重要，等于说我们弥补了我们整个历史里面对于他们的忽略。

我到云南去，见过一个传承人，他做刀能做到什么程度？过去我们的说书人在讲到刀如何快的时候，会说吹毛可断、削铁如泥，这次我可见识了。一根很粗的铁丝，拿这个刀剁完之后，刀刃儿一点儿变化都没有。在这个刀刃上裹七条手巾，使劲儿这么一晃，变成十四条。这么厉害的人，过去从来没有记录。他还会做七彩刀，把刀刃这一部分做得像彩虹一样。我第一次采访他的时候，他告诉我说，他还缺两种料，刀还做不成。又过了一年，我再去的时候，他告诉我说做成了，叫人给买走了。像这样的师傅，如果不把他自己的历史，不把他学艺的历程，不把他做这个事情的那种本事，用录像、录音、文字等形式记录下来，给后人留下来的话，损失太大了。光有所谓非物质文化遗产的名录解决不了这些实际问题。这里面包括两个方面，一个是项目本身，第二个就是项目的所谓主体——人，他怎么做的，包括他的情感问题、学艺的历程、诀窍等。总而言之，虽然我们把这个叫记录工程，但实际上它是一个历史的项目，历史的责任，所以，我就觉得，这件事情非常非常的重要，将会在这个世纪补足我们对于历史的欠账。

问：有一个针对传承人的项目是研培计划。研培计划跟抢救性好像又是两个方向的。抢救性记录是对历史的补救，而研培计划更多的是服务于未来的传承人的继续传承与发展。简单来说，研培计划是对传承人进行培训，让他们的手艺，让他们的审美、价值判断，更能与现代社会趋近。因为有很多的非遗文化，他们毕竟是来自传统，与现代社会主流的审美、价值观有可能存在一些冲突。所以，研培计划正是基于这一点实施的关于非遗传承人的工程。您是怎样来看待这样一个工程的？

刘魁立：我听到过对研培计划有一些议论，也对他们的见解多少有所了解。根据我所理解的研培计划，我认为它是一件应该做的事情。为什么？因为假定说这件事情是在党的十九大之前做的，我们说它和后来党的十九大所提出的"两创"理念是不谋而合的，即创造性转化、创新性发展。在某种意义上，我们把非物质文化遗产看成是生命体，也就是把它看成是今天和未来一项非常重要的事情，而不仅仅是昨天的事情。所以，保护这个概念是动态概念，可是我们常常把保护看成是一个保守的静态概念。很多讨论的分歧就在这里。有的人就提出来，我们给传承人介绍别的知识有什么用呢？关键是要发挥他的作用。这就出现一个问题，就是你认为这些人只能在他自己的范围里面来做事情。实际上，没有你这个培训计划，他不是照样天天接触这些事情吗？今天已经不同于昨天，昨天他们可能住在山沟里面，天天"叮叮当当"打那个马蹄铁，永远是那个马蹄铁，但现在已经变化了。今天我看到一个女士的手机后面会用那个铁的支撑，和过去的马蹄铁形式完全不同了，是不是？在这种情况下，他天天接触新的事物的时候，今天通过一个别的方式让他接触一下这个新鲜事物，你就感觉到奇怪，我觉得不一定。当然我觉得研培计划的功能不在乎你今天讲这一课怎么样了，明天讲那一课会怎么样，研培计划首先的、最最核心的功能是提升文化自觉，告诉他他很了不起，他所做的事情是人类非物质文化遗产，是推进人类文化发展的事情，他的视角不仅是民族视角，是有历史责任的，同时也是对于中华文化的贡献，对于人类文化的贡献。他这个见识就不同了。

所以，在研培计划课程里告诉他什么是《公约》，什么是《非物质文化遗产法》，这当然是一种见识，增强互相交流。至于说哪个学校、哪个讲师讲了什么，多说了几句或者少说了几句，或者哪一个课程多了，哪一个课程少了，这些都是细节。看问题主要是从大的方面去看，不让他进行创造性和创新性转化和传承，他也在那里搞这个，他每天都在做这件事情。而告诉他，他只是保护，他只能在这个范围里做，这不对，说明你本身对非物质文化遗产没有特别的了解。如果你有一个理性的认识，你就不会提出那些问题。所以，我对这些事情是另外的一个视角。我说如果大家把这些都谈开了，彼此也许不会有那么多的差异。

非遗区域性和文化保护区

问：非遗进入到中国以后，除了围绕传承人的几次比较大的工程，还有文化生态保护区，或者叫文化生态实验区。请您说说它产生的背景和后来具体落实的过程。

刘魁立：文化生态保护区和我原先说的非遗整体性保护有直接关系。就是说，一旦非物质文化被项目化之后，就会出现一系列问题，包括脱离语境的问题，而如果不对这些问题进行学理性的分析，我们也许会感觉到这个事情做得顺理成章，没有什么问题，但是一旦细究起来，就会发现一些不足，或者叫作缺陷。那么，面对这些不足和缺陷，我们该怎么办？另外还有一个问题，就是如何发挥地方政府的作用，使整个群体都参与到非物质文化遗产保护当中。这样就出现一个如何动员政府力量、动员社会力量、动员一切力量来进行非物质文化遗产保护的问题。当我们把非遗和自然，和人与人，和道德、心灵的关系等这些内容，放在一个整体当中去思考问题的时候,就必然出现一个问题,就是只是依靠项目来保护是不够的。正是在这样一个背景下,才提出来文化生态保护区。

最初,资华筠、罗微、周小璞我们几个人到福建去考察,为的是要建立文化生态保护区。当时,福建省正在积极推动文化生态保护区的建立,叫"闽南文化生态保护区"。有人提出在福建建立的文化生态保护区要体现出台湾文化,其实也就是闽南文化,它俩是一家的。实际上,我们来谈文化生态保护区,一方面是一个地区自己的事情,叫文化保护。但同时说明我们闽南文化,包括台湾文化,根还在这里。当时设立文化生态保护区有几方面的意义,包括文化方面的、政治方面的,以及两岸关系方面的意义,把这些都联系起来综合考虑,才有了"文化生态保护区"这个概念的出现。这是整体性的体现,而这个整体性不是简单地说是这个项目的整体性,而是它在社会存在当中的、整个的社会整体的整体性。在这一过程中,各种地方政策、法律法规相继出台,地方政府对自然的保护、文化遗产的保护,以及整个社会群体的保护都给予了关注和支持。有的时候我就说,如果没有这个社会群体的存在,那个文化是不能存在的。光靠几个人去保护文化,解决不了问题。正像没有了观众,就不可能有戏剧。没有了听众,也不可能有口头传统。而这个文化的氛围靠什么?靠的是社会。所以整个社会保护,群体性的、整体性的保护就特别重要,文化生态保护区就是在这样的思考下出现的。

第一个文化生态保护区做得非常大,因为做成了"闽南"。

我们最早的想法是在泉州做最好，不过现在是泉州、漳州、厦门在做，"厦漳泉"都纳入了。我当时就说，你不信，咱们试试看，你在厦门的大马路上问问，"你知道有这个文化生态保护区吗？"一百个人里，如果能有一个人知道，就了不起。然后，你再问怎么保护？你问一千个人，能有一个人说出来，那我就佩服。实际上，我们在很多城市的大马路上问这些问题不太可能得到理想的答案，但在泉州没问题，可以做得到。我曾几次去泉州，泉州确实做得好。如果只在泉州做的话，这个生态保护区的可操作性和效果可能都要好一些。再加上前面我说的对于两岸关系等政治因素的考虑，就变成了这样一个特殊的"闽南文化生态保护区"。以后的其他一些文化生态保护区照此办理，大多做的很大，比如说像晋中文化生态保护实验区。不过，也还是有做的比较小的，比如象山海洋渔文化生态保护区，就是船小好调头嘛，做起来就比较容易了。

  所以我建议，以后再做文化生态保护区，小一点便于操作，可能实效更好。现在绝大多数都是偏大，偏大做起来难，但是它在行政上又有效。因为省里管的话，可以制定相应的政策，可以制定地方性法规等。地方上，毕竟还是受制约。比如，武陵山区（湘西）土家族苗族文化生态保护实验区，还好；武陵山区（渝东南）土家族苗族文化生态保护实验区也还好。但有的地方就不行，到现在为止规划还没出来。

  应该说，设立文化生态保护区的初衷是不错的，但是做起来很难。比如，我们后来去潍坊、象山等几个地方考察，准备给实验区的"实验"两字"摘帽"，报告都写好了，但一直没有下文。

这样的话，怎么能"摘帽"呢？我们仅仅是提供智力支持，这是学者要做的事情，至于政策的制定，我就完全没有参与了。

问：对于文化保护区，通过文化能不能进行这种区域规划？如何进行区域规划才是合理的？刚刚您谈到区域规划做出来之后，如何落地，如何成为一个可行有效的保护区，而不仅仅是挂了一个牌子，有没有资金投入进去？文化生态保护区做了这么多年，从一开始提出到落地，您觉得在操作性、有效性上面，实质性的困难主要有哪些方面？

刘魁立：因为我不是做行政工作的，所以对它的实际情况，不敢说特别了解。就我自己的观察来看，可能我们的主要领导在这方面的任务特别重，而且很重要。

我举一个例子说明。某省在一个月批了五次关于非物质文化遗产的报告，平均每个礼拜一次都不止，领导很关注这件事，所以这个省名录特别多。但是，我们知道，除涉及非物质文化遗产的报告外，他们需要处理的事情还有很多。为什么文化生态保护区小反倒好呢？就是因为它越小，管得越具体，它一旦大了之后，要管的事就多了，可能就会无暇顾及了。况且，涉及文化建设的事情，基本上都是花钱的，很难创造经济效益。所以，从某种意义上说，这也是一个涉及文化生态保护区建设的关系，领导重视很重要，这是第一方面。

第二，在操作方面，文化生态保护区的操作并不易，因为它不是一个实体机构。文化生态保护区等于说是一个虚拟的东西，包括所谓制定计划的几个核心区，都是这样一个情况。抓得好，这个地方就出效果。比如潍坊，我觉得是抓得不错的，象山也抓得不错。之所以有效果，是因为这些地方本身就比较小，做起来就很容易。相对来说，区域比较小，就会有非常实效的操作。

第三，文化生态保护区的工作涉及多个部门。在这里面，包含着物质和非物质性的文化，还存在着一些条条框框，你管我管一类的交叉问题。比如，其中涉及的自然保护是一件事情，文化遗产又是另外一件事情，在它们之间协调关系也不是很容易。所以，应该这样说，文化生态保护区是一个很不错的设想，但是操作起来存在诸多困难。我们在短时间内看不到，或者是比较难以看到实效。但是我觉得，做这件事情的价值、意义很重要，这个理念是对的。如果要我给出建议的话，我希望把它建得小一点。现在看来，小的都比较好做，也容易出效果。另外，我自己对这件事还是有信心的，显然在大家开始更多地关注文化之后，应该说它的后续效应还是存在的。这是我对文化生态保护区的认识。

非遗进校园

问：目前在非遗系统工程里面，更多人知道、更多人参与、效果做得最好、开展最广泛的还是非遗进校园系列工程。其实，国家并没有明确的非遗进校园的正式文件，但是在很多文件中，都谈到了非遗进校园的开展。虽然没有确切的数字，但是应该说全国范围内每个市县，每个省，都在做非遗进校园的工作。针对非遗进校园，想听听您的见解，非遗进校园做到现在，在您看来到了怎样的一个程度？如果未来继续发展，非遗进校园的下一步，可能的方向是怎样的？

刘魁立：我对非遗进校园的评价是很高的，原因是我看到了它的效果。我到过一个地方，是海边的一个中学，这里的孩子在三年的学习当中，可以参加一个班，比如说音乐乐器班，这样的话，他就会拉胡琴，或者是弹琵琶。有的学生学会了雕刻，可以雕一个物件或者是做船模。有的学生还可以做编织，会刺绣，或者是跳一个舞蹈。我们不在乎孩子们将来会不会成为传承人，或者说不在乎他们是不是真的学到了真本事,成为这方面的行家里手,我认为最最重要的是,这样的学习班一下子培养了他们关注文化遗产、关注文化传统的情感,而这一点我觉得远远超过他们学习的具体内容,因为这种情感的培养,恰恰是过去我们曾经有那么一代的人不关注的。这些传统在我们这一辈人年轻的时候是遭到贬斥的,当时见着所有的旧的东西就要拆除,这是与现在不同的另外一种观念。

现在,如果非遗进校园能够培养起他们关注遗产和传统的观念,这件事情就是有效的。孩子们就会像我们小的时候一样,对一种道德、行为举止接受起来就比较容易。他会有一种特别的亲切感,这就是传统。尽管他现在拉琴还不是拉得很好,但是他知道,那个东西是一个传统,他会喜爱。我觉得,这个情感的培养远远超过他学到的技艺。所以我觉得,在某种意义上,非遗进校园本身是情感教育,而不是技艺教育。这是我对它的认识。

问: 您的意思是加强孩子们的文化认同?

刘魁立: 关于这一点,我想扩大一点说。其实所有的文化都需要靠传承来推进,不只是非物质文化遗产。所谓传承就是延续它过去的道路,在过去的基础上向前推进,这叫作传承。而且,传承本身就包含着一定意义的发展,这个叫作推进,或者是叫作弘扬。如果是把过去的"接"过来,这个叫接受遗产。但是我们今天要使用它,在多数情况下是要在另外一个环境下去使用它。举一个例子来说,假定你手里有一个过去留下来的碗,她在过去可能是吃饭用的,但是你在今天很有可能会改变它的性质,改变它的功能。比如,我屋子里漏水了,我用它来接水,是吧?我还可以拿它当香炉,是吧?它有各种各样的用途。在某种意义上,它在过去有它的功能,现在这种功能就有可能会发生变化。我们还可以用另外一种办法去改进它,比如一个木头的桌子,现在我把它稍微改造一下,把它变成一个更漂亮的桌子。过去这张桌子是方的,我切掉几个角,把它改成圆桌也是另外一种处理办法。对于遗产来说,它要适合我们今天的需要。

这种"改进",意味着正是历史促进了它的发展。当然我说的这些例子比较浅近,但包含着我想要表达的意思。所以,传承的过程就包含着对它的发展。因为任何事物,特别是非物质文化遗产,它自己就是一个生命体,而生命体本身不能固守在原来的方位上,它一定是从过去发展到今天,是不断成长的。

非物质文化遗产是一个生命体,在不同的人、不同的时代,在传承的过程中,它一定会有所发展。所以,我们要从这个意义上来认识非遗进学校的问题。现在我们有了传承,但光靠传承行不行?不行,同时还要靠传播。传播是什么意思?就是说,比如我接受了这个遗产,把它发扬光大,但是如果别人对它完全不认识,这样是不行的,这时候我们就需要传播。就是说,要扩大它的影响,不仅让大家认同它,同时知道它的价值和意义,这在一定意义上还有可能会将一部分人培养成传承人,扩大传承人的队伍。所以,为什么我们现在有戏校,戏校是干什么的?它既是为了传承,但同时又是在培养"后备军"。总的来说,非遗进入学校,一是可以扩大它的影响,二是让大家喜欢它,三是让它能够在更广泛的范围内被认识。同时,还可以培养一部分后继人,叫作"后备军"。正是因为有人特别喜欢它,因此,人们对它的价值的认识,对它的功能的认识,以及对它的情感关系都在这里面得到体现。同样的道理,为什么现在有些人一定要从小培养孩子吃西餐?就是为了要改变他的口味。

我们对于非物质文化遗产的宣传,或者叫作传播,也在于培养孩子们的"口味"。这样的话,他们就不会觉得一切都是外国的好,月亮也是外国的圆,我们要引导他们回到自己的传统里来。非遗进校园有这方面的意义,所以它是一个全面的、总括的事情,不只是说学习一种技巧。

问:引申一点说,如果是像以前,是师傅带徒弟,他可能就会潜移默化地教给徒弟了,因为他们所有的时间都是在一起的。现在这种方式其实是改变了,比如说他是学校性质的,这种方式是老师和学生的关系,与师徒相比,接触的时间就少了,而且这种关系下的师傅可能保留的东西就多了。比如说,我学的是剪纸李,还是什么剪子刘,就不会那么在乎这个号了,这种招牌和名誉的东西就少了。您是怎么看待现在这种环境下的传承问题?

刘魁立:如果只是依靠普通学校教育的方式,想要真正解决传承的问题是很难的,而且不一定能够培养出特别专业的人才。因为普通学校实行的是普遍教育,是基础性的教育,并不是专业性的教育。

我们为什么要有技术学校？技术学校是带有专业性质的。为什么要有研究院？研究院仍然是专业性质的。与技术学校和研究院相比，大学都不能说是专业教育。当你说师傅带徒弟的时候，实际上师傅进行的是专业教育，除了这种行为本身是专业教育之外，还是师傅把自己的绝活单独地教给徒弟，直接地教给徒弟。

所以师带徒的方式要比学校教育更加专业。不过，虽然这种方式的效果可能会更好，但是普及的面会小，因为它是一个人带一个人。

问：现在大多数教育缺少这种条件，学校的那种专业教育比较主流。这说明非遗的这种传承方式好，还是说即使增加一点师傅带徒弟的方式比较好呢？

刘魁立：我觉得并行不悖，两者都要有，不一定要互相替代。学校教育很重要。在一些行当里，师傅带徒弟也很重要。特别是在非物质文化遗产这方面，手把手地教，是很重要的。严格地说，学校教育里面同样存在师傅带徒弟的性质。进入实验室后，老师就在你旁边，他实际上就是师傅带徒弟的办法，告诉你怎么操作……这不是在通过"大课"教学。比如说，你现在做一个解剖手术，如果老师指导得不对，你会一下子就把手术做坏了，这就等于是师傅带徒弟。所以，我们不能够绝对地说，这种不包括那种，那种不包括这种。

第六章 非物质文化遗产学术理论

非遗的概念和问题

问：非遗这个概念进入中国时，是进行了翻译的。我们知道像日本学界，把它叫作有形遗产和无形遗产的概念。当时把它命名为"非物质文化遗产"，学术界，或者说中国知识界是基于一个怎样的考虑，还是说当时也是有争议的？

刘魁立：当时有争议，我后来还对此进行了论证。直到今天，还有很多人对于论证这个问题不以为然，但我坚持要论证它的合理性。过去我们关于文化的分类，只有物质文化和精神文化，后来我们又加上了制度性的文化。如果是这样的话，我们还可以加上别的什么文化，这样容易导致不严谨。没有哪一种文化放在这里也合适，放在那里也合适，也绝对没有哪一种文化不能放在这两个中间的任何一个而可以单独存在，这是一个逻辑严谨性的问题。

什么叫有形、无形，我就不同意"无形"的说法。戏剧是非物质文化，戏剧没有形式吗？当你说无形的时候，人在那里表演，这本身就是"形"。我们在研究形式和内容问题的时候，你却说它是无形的，这很荒唐。又比如说口头传统，任何一个口头传统都是语言表达，这个语言表达本身就是形式问题。所以，无形本身是不存在的。汉语的组成是带着它自己的胎里的印记的，那个"形"是形式的"形"，是外在的体现。而任何一个事物都有内在的和外在的体现，怎能说没有呢？工作本身也是有形式的。你工作的意图的呈现仍然是形式问题。所以，从定义来说，"无形"的提法是说不通的。

但是非物质文化很清楚，它是物质的另外一个存在，物质的另外一个内核，这是没有问题的。我常常打这个比喻，一个自然的有形，自然的物质，茶树；另外一个文化的物质，茶叶。从茶树到我们喝的碧螺春，如果没有给它以非物质文化的过程，碧螺春是不存在的。这个过程是采摘、阴干、捻揉、炒制，然后再晾干，再炒制，最后赋形。总而言之，这一套所谓的过程，非物质性的东西，最后变成了物质。没有这个过程，那个物质不存在，那个所谓的文化物质不存在，那个自然物质也转变不成文化物质，它必须要经过这个过程。如果要是把碧螺春拿来分析的话，它是物质，但是包含着非物质。所以，我说这理解起来其实是个很简单的事情。但是我们现在常常说我们吃的饺子也是非物质文化，这不是非物质文化，包饺子才是，和馅儿才是，配料才是，设计才是，我们给它的赋形才是。只有经过所有的这些东西，我们才把它称之为饺子。我们吃的是物质，绝不是非物质，但是没有那个非物质就成不了这个物质，饺子是吃不到嘴里的。所以，我觉得这个道理说起来就是这么简单,但是我们常常在这个问题上搞不清。

因此我要论证,物质和非物质作为两种不同文化的区别在哪里。我必须要能够认定出非物质文化自己的特点,非物质文化是不同于物质文化的。当然,两者是密不可分的,是手心、手背的关系,没有这个手心,那个手背也不存在。所以,它本身是一枚金币的两个面而已,只不过它是包含在物质之间的。既然这样,我们现在就要把它解构出来,变成只谈非物质文化。说老实话,物质的保存,明天可以有,也可以没有,但最最重要的是非物质的保存、传承,它会让那个物质永远存在。即便那个物质没有了,只要这个非物质还在,我们随时都可以让那个物质"再次"出现。所以,"非物质"是特别重要的。

非物质文化遗产的三个特点

问：请您谈一谈非物质文化遗产的特点。

刘魁立：物质的特点是什么？非物质的特点是什么？想说明这个问题，我先要把这两个东西分别说清楚。通过比较，我找出非物质的三个特点，而这三个特点是物质所没有的。头一个，就是它的可共享性。物质不能共享，我把这个水果给你了，我就吃不着了。但是我告诉你，吃这个水果的时候是否剥皮，这个知识你可以有，我也可以有，这叫作非物质性的，是个手段问题。我告诉你，这个水果不剥皮吃的话，营养可以多一些，你就可以永远传承下去，下一次你可以告诉别人，以后再吃这个水果的时候别剥皮。这个就是非物质的可共享性，说起来就这么简单。当这个水果给了你的时候，我同时告诉你另外一个东西是可以在这个上面得到体现的，这个是可以共享的，就是说，在你知道的同时，别人也可以知道，当我大声说的时候，我们所有的人都知道了。但是这一个水果本身是物质的，就只有你一个人吃，我再吃不着了。

所以我在人大常委会讲《非物质文化遗产法》的时候就说，我们不可能共饮一杯酒的，你喝你这口，我喝我这口，我这口你永远不能再喝到，都到我肚子里去了。散了会之后，一位领导同志和我开玩笑说，以后不再说共饮一杯酒了。我说不可能（共饮一杯酒），物质是不可以共享的，但非物质是可以共享的。我们可以同唱一首歌，可以同学一个学问，同时掌握一个知识，学一种手段，这是可以共享的。这是非物质的一个特点，它是弥散性的，而物质是唯一性的，是存在于明确的、固定的时间和空间当中的对象。物质是独占的，而非物质是可以共享的。而且我觉得，共享性的意义还在于它对整个人类文化的推进是了不起的，人类整个文化的推进靠的是非物质文化遗产的共享性。你做了一个石刀，你给了我，你就没有了。但是你可以告诉我石刀怎么做，我回去就可以自己做，这是可以共享的。非物质文化遗产共享的道理和我们大家都可以看月亮还不一样。它是什么呢？是可以传承的，我们可以对它进行某种翻新改造，可以延长它的生命力，等于说它是可持续的。可持续性在非物质文化遗产里面是得到体现的，而在物质里面就体现不了可持续性。这就是我说的所谓第一个特点，叫作可共享性。我觉得人类的文化推进主要在于可共享性，你借鉴我、我借鉴你，我有一点贡献、你有一点贡献，彼此推进，过去是这样，而且永远如此。我觉得这是它的第一个特点。

第二个特点，物质一旦脱离开人之后，它在一段时间内的发展变化，可以搁置不论，可以一直放在那里，尽管它自己也有变化。但是，非物质文化是一个生命体，永远在不停地变化，它的变异的特点是物质所没有的，它不可重复，物质是可以重复的。比如桌子、椅子、挖掘出来的古物都是如此。又比如商代的一个青铜器，到现在我们还会说它是锅，它是马，它还是它本身。尽管你拿碳-14来测，它可能有所变化，但是它还是它。而非物质不是这样的，你年年过年都不同；你唱歌、说话，任何一次的体现都不同。比如说雕塑、刺绣，没有绝对一样的，它们都是独一无二的。这种独一性是它生命的一种体现，是它艺术的时间的体现。我们看起来那个物质和别的物质不同，为什么会不同呢？是因为它的技术在时间上再现的时候有另外一个发展，所以才不同。这一个绣片和前一个绣片多少都有一点差异，这个差异是什么呢？是它的非物质文化遗产呈现生命的一个历程。所以，我说这种变异性，或者叫作它自己的发展变化，正是它的特点。物质没有这种特点，比如这个板凳，第二天还是它，第三天还是它。但是，你明天再采访我，对不起，同样的题目，我几乎是在说同样的事情，但绝对不一样。在田野调查的时候，你让那些歌手们把同样的一首歌唱两遍，你去听，肯定不一样。这就是非物质的另外的一种生命体现，所以它是一个生命体。

　　第三个特点，物质一旦脱离开人之后，就不和人发生关系了。我用它的时候它是我的车，我不用它的时候，明天可以把它送到工厂重新化成铁。但是所有的非物质文化一定是以人为载体的，年是人过的年。所有的这些，像前面说的制茶的过程，非物质文化遗产的过程，都要有人的存在，没有人就没有这一套。所以，人是他的主体,这和物质是完全不同的。

我当时提出来这几个特点的时候,我就说非物质文化和物质文化就是不同,不信你就用这几个特点去衡量。当时,我几天睡不着觉,来解构这个关系。我打电话给刘宗迪,他说这是一个系统的学问。后来,我又延伸一步,就是今天我们所说的,我们为什么没有把所有的非物质文化都视作是"非物质文化遗产"的保护对象。孔老夫子的学说是非物质文化,但它不是我们现在所要保护的遗产的范畴。"遗产"在整个"非物质文化"里面是一个很小的概念。之所以我们要保护这部分特定的"遗产",是因为我们过去对它关注不够,而且它们的主体不是个人,它是一个群体,一个族群,一个社群,一个社会。这个主体的所谓面目,不像我们的著作人、著作权体现地那么明显、那么明确。它的历史传统,就是刚才我们说的传承性,或者叫作传统的变异性,它有这样的一个特点。然而,这一方面在过去经常被忽略、被贬低、被损害。所以这次我们要特别地对它有所关注,这个才叫作非物质文化遗产。而且它的保护对象非常明确,就是联合国教科文组织在《保护非物质义化遗产公约》中列出的五个范畴,我们《非物质文化遗产法》里面是另外一个表述,是在它的那个定义下来展示的。这就是我对非物质文化遗产最核心的概念的认识。

问:进一步说,您又是如何理解遗产的呢?

刘魁立:当说遗产的时候,实际上我们是在讲它的传承性问题。我们实际上是把今天、昨天所有的东西都放在非物质文化里面了。在某种意义上，今天的任何发明，比如过去我们有十进位，现在我们突然变成两进位，这是非物质文化，这是人类的一个发明。这一发明，它在应用过程中变成了计算机，变成了其他的什么事物，到了现在，发展出大数据，整个世界完全就用一个"0"和一个"1"全部囊括了，这个方法就是一个所谓的"非物质文化"，但是它不能算作"遗产"。遗产一定是历史传承下来的，在某种意义上是群体的，虽然有时是个人——现在我们基本上没有把"有时是个人"特别强调出来，但是我们主要强调的还是对于历史来说的那些成就，比如，现在我们知道一个人会做弓箭，但是他做的这个弓箭，是历史给他的，而不是他自己的。我们现在还没有对"有时是个人"的说法很好地加以解释。遗产一定是历史传承下来的，这是其一。其二是价值判断。当我们说它是遗产的时候，一定把它看作是我们传统中间的一个组成部分，才叫作遗产。在"遗产"这个词里面已经有了所谓精华、糟粕的区分。遗产一定是我视为珍宝、视为可以作为我的文化成就的，可以成为今后发展借鉴的东西。它本身包含着它自己的基本素质、基本特点，同时包括我们对它的价值判断，包括它自己的所谓的那些群体的代表，就是它的主体。所有这些都在"遗产"这个概念里面得以体现。这就是我对遗产的理解。

非遗的整体性

问：借这个契机，您能不能谈谈您对非遗整体性的理解？

刘魁立：我觉得这是一个很大的问题。什么问题呢？我觉着联合国教科文组织的非遗保护工作也好，我们的非遗保护工作也好，为了操作方便，把非物质文化遗产项目化了。项目化有一个好处是可操作性。比如春节，或叫作年，比如剪纸、牙雕、漆器、陶瓷，一旦项目化之后就便于操作了。但是这样做出现一些问题，我在过去对这些问题一直多少有些担心，项目化后也有弊端，或者叫不足。

第一个是去主体化，就是人"没"了。很多项目在开展起来的时候，基本上对人的关注很不够。而非物质文化遗产离不开人，没有人就没有非物质文化遗产。第二，范式化、模式化，非物质文化遗产传承人个体的贡献和特色被模糊了。木雕就是一个笼统的木雕，陶瓷也成了一个集合性的、笼统的陶瓷。至于每种烧制陶瓷的方式方法、技巧和过程有什么区别，人们就不大会关注了。还有一个问题，就是它的整体性和时代、环境，以及它的整个文化空间，都脱离开了。另外，各种不同的人在这个过程中的诉求又都不一样。时代不同了，空间不同了，时间、空间都发生了变化，经过这些变化之后，不同的相关方的利益诉求又不一样了。在这种情况下，如果不谈整体性问题，就没有办法对它有本质性的认识，就光剩下一个架子。这就等于说是把骨骼画出来之后，你说这就是人，实际上不是人。因为他的灵魂没在这里，肉不在这里，血液系统、消化系统、神经系统全都没有。所以，项目化虽然便于操作，但是它有问题。在这种情况下，我谈到整体性问题，但是当初只是朦朦胧胧地感到了这个问题的存在，并没有像我现在说的那么明确。

问：您刚才提到了陶瓷和木雕，我们都知道陶瓷和木雕是有形的，是物质的，那么它们承载的是非物质文化遗产，它们能称为文化遗产吗？或者说，文化遗产能将物质和非物质的文化统一保护吗？是统一保护这种方式好，还是说我们单独的、各谈各的？在现实中是否可行？这和您提倡的整体性能产生关联吗？

刘魁立：你可以这样说，比如陶瓷和木雕，它承载着非物质文化遗产，和物质是统一的，没问题。

问：也就是说，如果未来我们可以研究一件陶瓷的时候，我们去研究它的外在样式就可以再把它内在的这种非物质文化遗产统一来研究。

刘魁立：在非物质文化遗产的定义里面，其中有句话就是，非物质文化遗产是指前面所说的智慧和技能，但是同时要关联到，也就是要同时包括和它相关的工具、实物。为什么说包括这些工具和实物呢？举个例子说，比如瓷器，没有泥，你能拉坯吗？

烧制的过程，是在烧制那个"物"对不对？你烧制的结果就是"物"，呈现出来的是最后的成品，这个烧制的过程和烧制的结果是分不开的。当展示你的技巧的时候，比如说在修胎的时候，也必然涉及一系列的"物"的使用。你拉坯完，晾干了之后，一定是不完美的，有的地方多了一块儿泥，你需要通过刀子把它修掉。你需要加上暗花的时候，要在上面刻，那么如果不用刀子，你能拿手做吗？不能拿手做。所以，当说到非物质文化遗产的时候，不完全是智慧和技能，同时还有一系列的工具和材料，那都是实实在在的物质了。

所以，当说非物质文化的时候，离开了物质也就体现不了非物质了。没有工具做不了，没有原料，也做不了，你实现不了你的最后目标。最后，等你把这些东西都放在一起的时候，呈现的是成品，而成品里头当然也包含着前面所说的这一套，包括非物质的智慧、技能以及手工的过程。如果是这样的话，当然物质和非物质是分不开的。我们现在之所以提出来保护非物质文化，是要把它作为一个核心拿出来关注，而不是说让它脱离开那些东西。因为它是一个整体，只有这样详细说清楚了，我们才能知道原来这个茶杯本身就包含着一系列的东西，包含它的模子，包括我的设计，包含玻璃等材质，就连制作玻璃需要的矿，也包含了提纯的过程等，一切一切都包含在里面，如此等等。所以，当说到非物质文化的时候，我们一定不能说是我把它抽象出来的，你一定得把它和前面提到的这些东西相联系。

非遗传承人和传承

问：您在访谈中提到了非遗保护是为未来，您似乎特别关注非遗的传承和发展问题。对于传承人，您曾经提过要有志愿者、公产意识、契约精神这三个主要的情怀，能不能借这个机会介绍一下？

刘魁立：后来，我自己对于传承人逐渐开始有了另外一种认识。传承人实际上是文化的志愿者，这是什么意思呢？就是说，他们完全可以把这些事情当作自己的事情来做，但是他们是在当作一种文化事业来做的，他们本身有一种情怀，叫志愿者情怀。这种情怀在什么情况下才有呢？是在有"文化自觉"的情况下才有的。不然的话，他们所做的工作就跟开一个店铺，或者是作为商贩，挑着担子出去卖菜，没有什么区别了，只不过他们卖的是手艺而已。但当他们有了这种文化自觉之后，会认为我的手艺是本民族的东西，他们去做这件事情的时候就会像志愿者那样，不计功利，这是他们对自我文化使命的一种肯定。

另外一个叫公产意识，这是文化自觉的一个体现。传承人之所以把手艺不当作商品，而当作事业，是因为他们把手艺不再看成是私产，不再是获利的手段，而是把它看成是文化事业。他的这种自觉要比他做生意、维持生计更重要。过去，他们做这些事情就是为了吃饭穿衣，养家糊口，但是现在不然，完全变了。变成什么了呢？他们认为，这是老祖宗留下来的遗产。所以，我跟很多传承人谈到这个问题的时候，他们说过去我是为了养家糊口，但现在觉得这事特别重要。他们再也不把它看成是私产，可以随便处理了。如果是私产的话，他们可以今天干，明天不干，但是现在，他们认为这件事情要永远干下去，赢也罢、输也罢，有利无利，赔赚都得干下去。这种精神可贵，叫作公产意识。

另外，传承人需要向国家申请，又需要国家批准，在《非物质文化遗产法》里规定着他们的责任与义务，也有国家对他们所承担的工作作出的许诺。这是法律条文，用俗话说这是一个合同，它管理着一个契约，政府要履约，传承人也要履约。当然，传承人应该有回报，这一点我们做得还不够，也就是说，这个契约精神在这里体现得还不是很好。不是所有的传承人、手艺人都有公产意识，有的时候，我们还是需要靠契约精神。非物质文化遗产当然是手艺人（即主体）在传承，但同时商家也会参与其中。而且有一部分手艺人也是商家，比如某一个公司的董事长、经理，过去他是手艺人，自己会亲手做，但是现在他是董事长，是经理，他关注的已经不再是自己的手艺，而是如何把生意做大，赚以利润。这时候，他已经缺少了那种所谓的公产意识，转而把它看成是自己的私产，这样的例子很多。还有的人把自己的产品说成是非物质文化遗产，但产品并不是。

问：当非遗进入中国的时候，还面临另外一个挑战，就是一些曾经的所谓糟粕如何把它转化为有价值的"遗产"。就像您谈到遗产，其实它是积极的、正面的、有价值的东西，但实际上在中华人民共和国成立以后的一段时期，我们对于这个东西是模糊的，甚至是颠倒的。所以当非遗这个概念被确定下来，传承人被确定下来，这个制度被确定下来之后，将什么样的内容纳入中国非遗保护的体系里面，作为我们真正要保护和传承的对象，这个问题当时学界和主管部门有过什么样的考虑？

刘魁立：这是一个很有意思的过程。推荐第一批非物质文化遗产代表作名录的时候，我们在评审了所有的项目之后，突然发现各省都有项目，但没有香港、澳门和台湾的项目。在讨论这个问题的时候，大家认为，不能没有这三个地区的项目，无论如何也要加进去。正在犯愁的时候，我当时有一个建议列入的项目——妈祖。为什么呢？我是妈祖联谊会的顾问。当时全国政协副主席张克辉是湄洲岛妈祖联谊会主席，他又是台湾人，与台湾有关系。而且，台湾的许多宫庙都参加了联谊会，澳门、香港也有人参加了联谊会。我建议给湄洲岛那边打电话，叫他们马上把材料报上来。这样一下子就有了台湾，也有了香港和澳门。很快，第一批非物质文化遗产名录就做成了。于是，这个项目就成了国家级非物质文化遗产名录中的第一批涉及信仰层面的项目。随后，各地也开始逐渐申报类似的项目，比如说关公。后来又发明了一个词叫作"信俗"。当时，如果使用"信仰"这个词的话，叫作"麻秆打狼，两头害怕"，又怕领导不批，又怕被说成是封建迷信，又怕引起底下什么特别的反响。在左右为难的时候，我们就把它放到风俗习惯里面，因为这个传统总不能说是没有。另外，批准"妈祖祭典"项目有一个特别的好处，就是我们可以从政治、从两岸关系上来思考类似的民俗传统，不能把它完全否定掉，而妈祖信仰是从福建带到台湾的，这也是一个无形的联系。出于这几方面因素的考虑，妈祖这个项目很快得到通过。从此以后，那些涉及信仰问题的非遗项目在国家级非遗名录就得到某种彰显，顺理成章，水到渠成。

传承和发展

问：现在我们的生活方式有很多变化，技术手段也变得更多样，您觉得现在这个阶段，非遗的传承方式和状态是最好的吗？您觉得哪种传承的状态可以更好地与我们的现实生活融合？

刘魁立：我觉得谈这个问题，可能最好是从反面谈，就是我们应防止什么。

一是防止商品化。因为它是我们的生活方式，我们不能拿它当作一个商品去卖钱。这个挺重要。现在有时候是会出现这种情况的。比如说，我们把自己的剪纸完全当成商品售卖，这是走了另外一条路。假定说，我们要保持它应该保留的那些东西，我也不排斥它进入市场。比方我们做馍馍，就是花馍，我们过去会在馍馍的上面盖一张不大的红色剪纸，这张剪纸可能是一个网状的罩，这个剪起来不难，差不多人人都会，这个最好别扔掉。我想说的是，我们不能让所有的剪纸都进入市场，而是要让它依然能够保存在我们的生活里。当然这种情况很多，剪纸只是其中的一个例子而已。

二是防止表演化。别把我们的文化传统变成一种表演。现在既有商品化的情况，也存在着表演化的情况，比如说泼水节，本来它是以另外一种形式呈现的，现在一下变成了天天泼水。而且常常表演的话，实际上是把它庸俗化了。类似的状况在旅游上表现得非常明显，人们经常把它当作旅游的节目，然后去推销。这样既是商品化，又是表演化。但是如果它是真正保持在我们的生活里的话，有哪些改变都没关系。不过，有的时候，我对这样的做法也不完全排斥，比如说在婚礼上穿白纱，这在过去是不行的，过去白纱代表着孝服，穿白是在行孝。现在，新娘子在婚礼上穿白纱也没有什么不可，但是大家仍然保持着在入洞房的时候要换成红色的婚服。

该保持的就保持，不过我们也应该把它的一些变化看成是正当的，我在这一点上很宽容。我们在进入现代生活的同时，还要让大家一定按照昨天的样子去生活，比如说大家还得留辫子，这不是又回去了吗？我们是在随着时间走，但是别把自己当商品出卖了，别把自己当成一个演员，我们要过自己的生活，而不是去给别人表演。这就够了。

问：其实我理解您的意思，比如说剪纸商品化，也许就是说，类似的这种东西商品化了以后，它就缺少了它本身存在的、真实的一个一个情景。

刘魁立：这样做就缺少文化内涵了。比如婚礼，虽然说会穿白色的礼服，但是婚床上铺的还是红色的，里面会放花生，这些都还在做。这些保持得挺好的。

问：接着这个话题往下谈，很多人说文化要转成生产力，我们也一直听到非遗商业化的提法，据说这个在日本、韩国就做得比较好，比如，文创产品这一块已经做得比较有经验了。在我国台湾，我觉得他们那种设计也好，还有想法也好，比如说他们叫伴手礼的，就是旅游产品，也能跟这种传统文化结合到一起，但是我总认为文创产品也还是脱离了非物质文化遗产本身这种原本样式。所以，请您谈一谈，您是怎么看待非遗文创产品的？或者说，您觉得它对非遗的发展会有促进吗？

刘魁立：我个人对于文创产品的认识是比较宽容的。所谓"宽容"是什么意思呢？就是说，它在一定意义上也会起到传播的作用，所以在一定的情况下应该予以鼓励。但是如果把它完全变了，例如，不加选择地卡通化，实际上就是我们对它的尊重态度变了，它一下子就被贬低了，这不是戏剧化，而是娱乐化了。这样就撕掉了我们对它的神圣性的尊重态度。在这种情况下，我觉得就会相应地出现一些负面的东西。也就是说，神圣的归于神圣，娱乐的归于娱乐，不要把神圣的娱乐化，也不要把那些本来是娱乐性的而过分地神圣化，要让它们各得其所。在开发文创产品的过程中，把握好这个度很重要。当然，人们也可以在不同的场合做这样或那样的取舍。比如说兔爷，如果你把这仅仅是当成一个"神话"的时候，没有问题。但是如果是把兔爷作为一个崇拜对象，而不是一个玩具的时候，有些东西就要相应地有所保留，不能完全地把它丑化了。娱乐化和丑化还不完全是一回事，不要完全撕掉它的所谓神圣性。

问：我觉得，这方面还是缺少一个环境，或者是缺少某些人在当中去做协调，或者是做筛选，或者做管理这么一个环节。

刘魁立：这必须在两个方面做出努力。第一个方面是制作者，就是创作的主体，他们需要在文化修养上，包括知识和文化的欣赏能力、评价能力等方面下功夫，提高认识。这样他们的创作就不会越格，不会突破口头的调侃、幽默和丑化之间的界线。另外，什么是神圣，什么是戏剧性，这两个也要区分开。这是第一个方面。

第二个方面是提升整个社会的自我修养和自我约束。这涉及另外两个层面，一个是相关机构，包括领导机构、行政管理机构、研究机构等。再有一个是广大民众，要不断地提高广大民众的认识，因为有时候，有些人认为是老百姓喜欢，如果他们从另外的方向去"教育"，老百姓会反对，但实际上是他们把老百姓"教育"成他喜欢的样子了。还有的人说，这样可以提高收视率，实际上是在鼓励往下走，如果是在鼓励大家不断地提升的话，就应该是另外一种抓法,这是向谁看齐的问题。假定我们是在不断地提高整个社会的认识,那么人们的欣赏水平也会逐渐提高。所以,如果关注收视率,就是把选择全都交给社会,这就等于是放弃了自己的责任。

所以,我觉得相关机构和广大民众,这些都是客观的因素,而内在的主要因素是我们说的创作的主体,文创产品的制作者,他们要能动地、创造性地反映广大民众的需求。

这几个方面加在一起,会创造出一个非常好的文化环境和文化氛围。

问:就是如果向高标准看齐的话,它是有标准的。如果向低标准看齐,它其实是没有标准的。

刘魁立:如果是向低标准看齐的话,会越来越不可控制。

保护非遗的基质本真性

问：在具体的非遗保护工作中，您还提过另外的概念，比如说关于非遗保护的本真性的问题，您是怎么样理解这个本真性的？

刘魁立：当很多人在谈论原生态保护、原汁原味保护的时候，我认为这样做是不可能的。非物质文化遗产是个生命体，我们能说5岁的刘魁立不是刘魁立吗？说到保护的时候，你想把20岁的刘魁立保护下来，但实际上这是永远做不到的。我和一位倡导原生态歌曲的专家说，你做原生态歌曲没有问题，但是非物质文化遗产原生态的说法是不合适的。我分析过某一文化传统被称之为"原生态"的三种可能性：一种是发生之时，它的初始状态叫原生态，也就是它在最早时候的状态和样子。比如说端午节，最早可能是出于对阴阳交替的认识，还是在怎么样的状况下而产生的，我们可以通过文献记载对此进行考证。第二种是我们在某一个历史阶段建构的、而且至今还可以回忆起来的某些"传统",比如说新年,有些人还记得清末民初时过年的基本状况,这是我们通过记忆建构起来的,被认为是"原生态"的过年方式。第三种"原生态"来自当代的现实生活,比如现在一些相对封闭和边远地区的人们的民歌唱法,我们把它叫原生态。请问,到底哪个时段的文化传统才能算作是真正的"原生态"?我们保护今天的这种"原生态"行吗?你可能认为是可以的,但是如果我们真的要让它原生态、原汁原味、原封不动的话,就是在扼杀它的生命,等于将其凝固化了,把它变成了木乃伊,不再让它发展了。所以,从某种意义上来说,我们的生活中没有什么"传统"是原生态的,这是不存在的,也是不可能的。

既然这样的话,我们就需要给保护做一个解释,也就是说保护的是什么?于是我提出来"基质的本真性"的概念。在一个"传统"历史发展的所有的阶段中,有五个方面是基本不变的,包括基本性质、基本结构、基本形态、价值判断和基本功能,我们的保护应该保持它在这五个方面的相应的稳定性。这五个方面构成了一个"传统"的本质,只要这些方面基本不变,它还是它,我们就承认,我们的保护就是对的。假定这些方面都变了,那它已经不再是它了。所以,我们应该保护的不是某一文化传统现在的状态,不是那个所谓的"原生态",而是它的"基质的本真性",这是核心。这是我对如何保护作为一个生命体的非物质文化遗产的"变异性"或者叫"传承性"的解释,也是对保护的是什么的看法。我对于自己所说的非物质文化遗产的三个特点都有我自己的阐释,我希望能够把它在理论上展开,而展开论述时针对的就是前面所说的传承性。我们怎么保护它的传承性?保护什么?不是保护原生态,登高一呼,说我们要保护原汁原味。实际上,原汁原味是什么,需要解释,原生态是什么,需要解释。但是,原汁原味和原生态本身都是不存在的,我们能够保护的只是它的基本结构、基本性质、基本功能、基本形态和价值判断。当然,价值判断有时间和空间的限制。另外,这几个方面的相互关系之间,比如说基本形态的变化程度最强烈,而基本性质和基本结构在一定意义上受基本功能的制约,但它们之间又是彼此相依的。基本性质变了,是由于它在功能方面发生了某种新的需求,其性质可能也会随之有所变化。总而言之,它们在内部的机理之间存在着这样的关系。而这种关系又和我们自己的价值判断,也就是我们对它的好坏认识有着非常直接的关系。所以,我说这五个方面构成了基质本真性的核心内容。"基质本真性"不是一个简单的词儿,而是有着非常明确的内涵的。

问:这个本真性是可以发展的吗?

刘魁立:当然。它不是一个永恒绝对不变的东西,也是在不断地变化和发展着的。

问:比如婚俗,现在人结婚会比较西式,您觉得可以适用吗?

刘魁立：当然适用。比如现在结婚，迈火盆的情况很少了。但是在婚礼中，大家还是会半开玩笑的不让新娘子跨进门槛，要让新郎抱进去。这些习俗大部分还都保留着，虽然大家是当作玩笑，是吧？

问：是。还有堵着门的。

刘魁立：过去一直是这样，有许多少数民族到今天还是这样的。

非遗的共享性

问：联合国教科文组织出台《保护非物质文化遗产公约》的时候，有一个概念叫共享性。我觉得您一直很重视这个共享性，尤其是现在国内这种情况下，大家还是把目光锁定在自己国家特有的非遗上，目光比较单一，忽略了这个共享性。您能给我们详细讲讲吗？

刘魁立：联合国教科文组织之所以做这个名录，包括我们国家做这个名录，目的不在于表彰，或者是不仅仅是为了表彰这件事情。如果仅仅是表彰的话，我们设一个奖项就行了。

但是，一旦说它是人类非物质文化遗产的时候，我们就有了另外一个认识。什么认识呢？就是已经把我们人类作为一个整体来看了。应该说，在人类这一个整体里面，任何一部分人，一个族群也好，一个民族也好，一个国家也好，他们的贡献应该是带有人类的印记的，同时会相互补充、彼此推进。人类文化的发展，不完全是某一个民族的贡献。所以，现在民族主义盛行，是一个很大的问题。为什么我们会谈"人类命运共同体"，它的意义也在这里。

我认为，人类命运共同体不仅是我们奋斗的目标，也是对现实的一个总结。比如，你花钱买了一包纸，可能会想，既然我花了钱，就可以随便处置它，可以扔掉它，可以浪费，因为我已经付了费。可是你没想过，当随随便便地浪费掉一张纸，比如说把它烧了，实际上是烧了人类的一棵树的一部分。等你再用下一张纸的时候，是在消耗树的另外一部分，等于说世界上就少了这么一部分资源了，就会造成比如说氧气减少、地球沙化等。也许，一个人的行为看起来能够造成的影响是非常非常小的，但积少成多，如果大家都这样做，人类的生存环境就会被破坏。所以，当我们做任何事情的时候，都是和整个人类有关系的。当我们说，我们有一个发明、发现的时候，这个发现自然也会对整个人类做出贡献。现在如果我们要把它固守在"只是我的"，那联合国教科文组织做这个名录还有什么意义呢？假定它"只是你的"，我们国家发表这个名录有什么意义呢？做名录的目的就在于替整个人类来保护，而保护的目的在于推进整个人类的文化发展。所以，共享性实际上是着眼于整个人类的需求。当我们说地球村的时候，那不光是个比喻，我们实际上就是地球村的村民。这个地球村是实实在在地关联着我们的命运和整个人类的命运。在这种状况下，共享性不是由谁揭出来的一个问题，而是它本身就应该是这样做的，我们在过去也是这样做的。我们为什么要提共享性呢？因为共享性贯穿人类文化的始终，自从有了人类的那一天起，到所谓的地球毁灭，也就是人类最后走到自己的终点，共享性是始终存在的。这种共享性之所以贯穿始终，是因为任何一个民族都无法完全孤立地在这个地球上存在。比如语言，其实它不是你自己的语言，而是你这一个族群的语言，语言是为了让大家相互沟通。

当一个族群要发展的时候，必须借鉴他族群所提供的经验、工具，这也是为什么我们许多文化之间存在着关系的原因。中国人发明了茶，全世界都能够享用到茶，这就叫共享性。有一个民族，突然有了十进位的数学，现在全世界差不多都在用十进位。假定你还说，"噢，十进位不行，我们要坚持只用十六进位。"过去叫作"半斤八两"。但是如果你不接受的话，和别人就没有共同语言。这是其一。

另外，因为无法通用，也会给自己带来诸多的不便。所以，大家从一开始就在彼此借鉴，彼此共享，这也是推进整个人类文化发展的必由之路。我不主张说别人"抢"了我们的文化传统。我每次都开玩笑，有些人说韩国和日本把中国的非遗"霸占"了，怎么不提一到12月末的时候，我们中国满大街都是戴着白胡子、红帽子的圣诞老人呢？人家也没说这是我的文化传统，你这样做不行。现在很多中国人也喝咖啡，对不对？大家都在共享。共享不是坏事，是推进整个人类发展的必由之路。所以，我就觉得，共享性是一个特别了不起的事情。物质不能共享，比如说这张桌子，我用了你拿不去，你拿去了我就没了。这把椅子也是一样，我坐着这把椅子，你坐着那把椅子，这是没办法共享的，我们坐的是不同的椅子。所以,物质在一定意义上是很难共享的,因为它是唯一的。我们常说非物质文化是弥散的,弥散就意味可以共享。大家可以学同一门手艺,是不是?可是通过手艺做成的物质性的成品却是唯一的。比如这个茶杯,打碎了就没有了。你也没有了,我也没有了。这口茶,你喝了我就喝不到了。

所以,非物质具有共享性,咱们说到的科技、思想都是可以共享的。正是共享推进了社会发展。我认为,一些研究者在一开始就没有把物和非物两者严格地区别开来,实际上非物的共享在一定意义上推动着物的"共享"。因为当非物共享之后,比如说技术共享,我们就可以创造出更多的物质来。这样也就意味着达到了另外一种"共享",知识的传授在某种意义上是把整个世界的物质变丰富了。

整个人类的文化进步了,每一个族群也就跟着进步了。

问:就您刚才说的,我们引申一下。我非常理解您说的共享性,但是,如果这样的话,联合国教科文组织在出这个名录的时候,是否有一个意思是说,让大家把个人的东西拿出来。就比如诀窍性的或秘诀之类的东西,这种是不公开的,但是可以传延下去,这只是我的想法。

刘魁立:对于这个问题,应该这样说,要尊重所谓的"著作权"。我们所说的传统文化本身就是一个共享的文化。但是这种"创造"的背后是一个一个的创造者。那么这个创造就和其他的发明一样，它的确是提供给人类的一种非常好的具有独创性的发明。这种发明在一定的时候，应该是属于发明人的。但是我们可以设想，它在很多时候并不会"死"在发明人自己的手里。我们在一定的时候是要保护这个发明权的，不然的话，就等于他没有了这种发明权，这是我个人的理解。从现实经验来看，所有的创造都曾经是个人的发明。这种个人的发明，有的时候是基于先人的经验，是在前人的基础上向前推进了一步。但是有的时候，是他把先人的发明直接"拿"了过来并没有什么推进，这个主要是"传承"。一个人自己推进的部分在一定的时间内是归这个人所有的。所以，我们并不是主张把在接受传承的基础上而推进的部分也必须公开，没有这个要求。我们在讲共享的同时，还要保护"著作权"，就是要保护创造，鼓励创造。假定完全不保护、不去鼓励创造的话，我们就只能是按照昨天的办法生活了，就永远不可能往前走。在一定的意义上，任何发明迟早都会被世界所共享的。设想一下，假定是我发明了一种药，又不给老百姓用的话，虽然这个秘诀是我的，却不能造福别人，那么这种发明又有什么意义呢，对不对？

随着时间的推移，当这一部分被别人突破的时候，它就不再具有所谓的"发明"的意义了。当别人已经在这个基础上又往前走的时候，它也就失掉了他的那个私密性。

问：就像现在说的 1.0 版本、2.0 版本。

刘魁立：是这个道理。比如说过去的大哥大，当时是发明发现，是有专利的。到现在，大家说"大哥大"，我们所有的人都知道指什么。当 5G 网络公布的时候，实际上是 4G 成就了 5G。也就是说，原来的 4G 技术是基础，我们是在它的基础上向前推进了一步，我们鼓励在原有基础上创造。现在我们保护的非遗在一定的意义上是过去不被关注的部分，我们希望大家能够掌握，将其往前推进，进行再创造。所以，有人说我们的非遗保护只是保存，这是不对的，必须传承。如果不传承的话，我们人类没有办法进入明天。我们总是在昨天的范畴里生活，那怎么行？

问：也就是说，比如说非遗现在是 1.0 版本的话，它应该处于 2.0 版本和 3.0 的版本，您是同意这种观点的？

刘魁立：我们的非遗保护要有向前的观念。但是这不是某一个人的事情，而是整个社会都要一起往前走。我常常开玩笑说，不要以为一切都必须按照过去来生活，电磁炉、煤气灶……所有的这些已经改变了我们的生活方式。在这种情况下，灶王爷就没有办公地点了，现在还给他设一个办公室，设在哪儿呢？好像没有合适的地方。把灶王爷贴在微波炉或者厨房墙上，不是不可以，但过去他就是在锅灶旁边办公，现在锅灶没了，他也就没有办公地点了。

虽然我们现在的生活没有过去的那种"烟火气"了，但在某种意义上，我们还保留着过去的一些观念。腊月二十三，如果我们心里仍然有灶王或是另外一个形象，可以让我们把这一年的总结向他汇报的话，那么这个年的味道就有了。所以，我们怎么能够把过去的传统保护下来，让它继续在我们的生活里发挥作用，这点很重要。

问：比如说，我如果学习了一种技艺，学会了某种刺绣，那我在原有基础上进行了个人的改进，或者是借鉴一些西方的色彩搭配，或者是说我的技法中吸收了某些不是这种刺绣原来的那些手法和技巧，像立体性、线体的堆叠等。这种情况下，我算是传承和发展了这个刺绣吗？算是原本这种刺绣的非遗传承人吗？

刘魁立：比方说，过去我们大多是平绣。清末民初，江苏苏州一带的绣娘中出了一位沈寿女士，她是一位刺绣大师，在许多人的支持下，推动了刺绣的发展。后来，又出现了所谓的乱针绣，乱针绣作品具有一定的立体感和透视效果，就像油画似的，呈现的画面非常逼真，一下子就把平绣这种绣法推进了一大步。

乱针绣不是全新的绣法，是因为它是在原来的基础上发展出来的。像其他几位刺绣大师，比如姚建萍和姚惠芬，她们都能够做到这一点。特别是姚惠芬，她在一幅图里面居然恢复了过去所有的针法，大概是三十几种。所以说，当我们说到"保护"或"传承"的时候，一定要有自己的语言，自己的理解，要在手法上、在观念上向前推进。故步自封，是不对的。

非物质文化遗产有一个特点，我们可以叫作活态性，或者是传承性，也就是说，它在社会发展的过程中是不断演进的。我们现在看到的所谓"成果"，是经过历史发展走到今天的。如果说我们保持这个"成果"的一成不变，等于说把它的生命卡死在昨天的这个时间段里面，这对它的发展是不利的。所以，当我们说"保护"的时候，要把非遗看成是一个生命体。我常常打这样一个比喻，有人对我说，您保持现在的这种健康状况就很好，但我知道这是做不到的，因为人天天都在变。从孩子，到少年，然后到青年，到中年，再进入到所谓的老年，什么时候的我是真正的我？当拿出我5岁、6岁的照片时，那个时候的我是我吗？当然是我。20岁时的我仍然是我。到今天，我还是我。既然是这样的话，"保护"就不该是停止在某一个阶段。除非我被冰冻起来，要不然我永远不会停止，一刻都不行。所以，非物质文化遗产也好，所谓的传统文化也好，不可能是一成不变的。其实，物质性的东西同样如此，尽管它有时候变化得慢，我们可能会忽视它的变化进程，但有朝一日，它也会腐烂。

问：是不是非物质的东西在推进物质性的发展？

刘魁立：不能这么说。非物质性的东西在不断的发展过程中，可能会借助它创造出来的那个物质演进。随便举例说吧，很久以前人们使用的全部是粗陶的碗，后来由于方法的进步，我们可以把它做得更精致，才有了薄瓷，叫薄胎厚釉。这在过去是做不到的，但是我们可以推进它，就物质本身来说，它有了一种发展。

而且，一个物质本身有自己的生命，比如任何一个具体的碗，它的生命可能很长，比如五百年或者一千年后才会消失，但是作为一种物质，它有可能会变化，哪怕是一点一点地变化，但这个具体的物的本身是没有演进的。

所有的东西都是在变化当中的。但是，物质的变化，我们通常会忽略不计，而非物质性的东西，没有一刻不是在变的。我常常举这个例子，一个人歌唱得很好，觉得自己很了不起，但如果我们录音做一下对比的话，会发现第一次唱和第二次唱肯定是不一样的。

事物永远是处在一种过程中的事物，是在不停地发展中的事物。这种发展变化，是其本身就存在的一种特质。所以，说"保护"只是保护昨天，那是不行的，我们也保护不了。就像是年年过新年，但是年年都不同。如果一个人就是要和去年过年时完全一模一样，对不起，这是做不到的。

假定去年打雪仗了，但是今年没雪了，就没有办法打雪仗了。难道这个年，就没有另外的办法过了吗？

问：也就是说，非遗的这种发展和进步，得看它原来的那个点是什么，就比如刺绣，它还得是刺绣。

刘魁立：刺绣还是刺绣，但是发展变化的刺绣，它在每一刻都有一个新的表现，新的样态。

非遗是人类文化最大公约数

问：您还谈过，就是从人的本质来看待非遗，也有学者引用过您关于"非遗是人类文化最大公约数"这样一个观点。能不能基于您谈到的这个基质本真性，进一步来谈谈如何从人的本质来看待非遗，以及如何理解非物质文化可以作为人类文化最大公约数？

刘魁立：我还没有很好地、全面地把这个观点展开加以论述。但是这个观点在我平时的研究中是作为一个潜台词存在的。我不把非物质文化遗产看成是个人的，我始终觉得"有时是个人"在很多情况下是可以忽略不计的。因为"有时是个人"常常是隐含在群体之后的，或许群体已经不在了，但是群体的灵魂还在，是在这个"有时是个人"的个人身上还存在着的。那么既然是一个群体，就出现了另外一个问题，每一个群体都是由个体组成的，而任何个体都是独立的，在某种意义上肯定会和别人存在差异。但非物质文化遗产却是群体中的个体彼此认同的一个对象。它在某种意义上等于是一个比较大的共同认同的对象，我用了另外一个词,叫作"最大公约数"。

比如说过年,在这其中可以有个性,可以有环境、历史、意识的不同,但是,我们每个人总要过这个"年",至于怎么过无所谓。对于我们来说,无论怎么过年,我们还是会非常重视"年"的情感,"年"的价值,这就是我所说的"最大公约数"。再比如颜色,一个人穿一件特别华丽的衣服,戴着一顶红帽子,突然出现在一个举丧的家庭里,是不受人欢迎的。不仅是丧家不欢迎,所有人都反对,因为大家对于色彩含义的认定是约定俗成的。当然,有的时候历史会发生变化,在一定的时期,会显示它的力量,但是传统的力量还在那里隐隐地让人无法夺走,就像是秋冬之交和冬春之交的时候,会出现气温拉锯的现象一样,但是这种现象背后的"最大公约数"仍然还在。我在前面也说过,比如中国人不会穿着白色的礼服入洞房。我们可以考察所有的婚礼,即便新人在婚礼仪式上穿着的是白色婚纱,但到入洞房的时候还是会换成中国的服装。这就是我所说的秋冬之交的"争夺"过程。我就不展开说这些例子了,我想说的是,这些"讲究"其实是我们大家认同的一个标志。说到"认同",有的时候肤色不是标志,甚至于在某种意义上,语言都不是标志,"认同"实际上是以价值为标志的,而价值认同的最好体现就是非物质文化遗产。比如生活在以色列的人来自全球各地,有说英语的,有说俄语的,有说阿拉伯语的,但它还是世界上唯一一个把死了的语言重建变成一个活的语言的例子。犹太人生活的特殊的历史环境,特殊的历史条件,促成了希伯来语的恢复。生活在以色列的人可能会说不同的语言,但是他们真正的共同价值，也就是所谓的"最大公约数"，是犹太教义、犹太信仰。

共同价值是民族认同、族群认同的标志。当然，还有更大的、更高的东西，它们有的时候在形态上是不一样的。我们的节日，比如端午、中秋，其他地方可能也过这些节日。但是对于这个所谓的"年"，比如圣诞，比如伊斯兰教的开斋节，比如我们其他民族的节日，像藏族的节日，它们在形态上可能完全不一样，甚至日子都不一样，但是这种"交替"，就是我说过的由一个"旧我"变成"新我"的意义是一样的。中国人过年，房子要变新的，人一定要洗澡，一定要理发，人要变新的，衣服要变新的。我们在这个时候要磕头，要重新确定几代人的关系，以及自己和祖先的关系。我们要请神，照理说，过去，神一直就是请在家里的，我们干吗还得在过年的时候再请一次神呢？其实，这等于说是完全变新的了。我说年的价值和节日完全不一样的原因就在这里。这样的一种价值、意义对于每一个民族都是一样的，尽管我们对它的叫法不同。这样来看的话，它就有另外一个意义，就是人类意义。为什么联合国教科文组织一定要把这些东西通过名录的方式推向世界？是因为我们认为它有这样一个共同的人类价值，要通过这样一种东西体现它的可共享性，体现它的共同的所谓价值判断，共同的认同特点。

生产性保护和公产意识

问：为了做好非遗保护工作，产生了各种各样的工作方式和方法，比如提出了"生产性保护"，对此您曾经提出过"公产意识"，从这个宏观的角度来说，您是怎样来看待理解"生产性保护"和您提出的"公产意识"的？

刘魁立：所谓公产是相对于私产说的，就是说，我们要把非物质文化遗产看成是一种民族的、历史的遗产，是公共财产，而不是个人财产。也许是我口音的问题，过去有人把"公产意识"写成"共产意识"，但"共产"和我们要谈的这个问题是没有关系的。"公产意识"就是说我们不能把非遗看成是私产，而应该看成是一种民族的财产，这其中还带有一种守护民族财产、民族遗产的义务。"公产意识"是和"志愿者"连在一起的。另外有一点特别重要，当说非遗是"公产"的时候，意味着我们对它有相应的保护责任。比如说，我们可以在自己家里刨个坑、栽棵树，但是如果把大马路旁的树挖出来，然后挪到自己家里去的话，就是盗挖，就是犯罪。如果我们对自己所掌握的技术、技艺采取不合法、不合理的处理办法，就有负罪感。非遗是"公产"，拿我刚才举的例子来说，我把非遗看成是大马路，看成是在马路上种的景观树。

至于说"生产性保护"，我自己始终对这个词有所保留，我在很多地方绝少谈"生产性保护"。因为我感觉到，一谈到生产性，实际上多多少少就和生产的产品发生关系。所谓生产性保护就是在过程中去保护，是这个意思吧？那么所有的非物质文化遗产不都是这样一个过程吗？口头传统的保护是在讲述中保护，戏剧是通过表演加以保护，歌唱、舞蹈同样是如此，手工技艺是在制作过程中进行保护。目前对这个词没有很好的定义，所以我在文章里绝少谈到生产性保护。但这不是说我反对这个词，只是我对它还没有很深的理解。不过，生产性保护的效果应该还是不错的，它告诉大家不要空谈保护，而是要在制作过程中去保护。生产性保护主要是针对几个部分谈的，第一是进入市场的部分，特别是民间手工艺；第二是医药。至于其他的部分，如果要宽泛地讲"生产"的话，戏剧演出之类的可能也可以算作是生产过程吧，但基本上局限在手工艺和医药这两个范畴。我觉得在很多时候根本谈不到生产性保护问题，之所以要在这一两个范畴内特别强调，其中的一个原因是它在某种意义上和我们国家的经济发展方略有关。我国有一段时间特别提倡GDP，强调生产性保护能够刺激经济发展，所以提出来振兴手工艺，而且它在这方面也发挥了很好的作用。这是王文章做副部长的时候特别提出来的一个口号，也起到了相应的作用，但我没有从学理的角度特别关注这个方面或做过专门的研究。

问：生产性保护最早提出来的时候，我个人觉得应该是跟抢救性保护相对应的。过去的主要工作在于抢救、挖掘，到了一个新的时期，想提出一个新的概念，比如生产性，可能是为了跟之前的那些有个对应，所以才有了非遗进校园、建非遗文化生态实验区等，把它生产出来，有后续的东西，有产品，有过程。

刘魁立：可能不完全是这样的。至于抢救性保护，联合国教科文组织的名录里除了《人类非物质文化遗产代表作名录》外，还有一个就是《急需保护的非物质文化遗产名录》。"抢救"这个词，不是今天才有的，早在中华人民共和国成立初期就提出过这个词，后来在"三套集成""十套集成"里面，也常常用到这个词，叫作"抢救记录"。因为人们看到有些文化传统已经江河日下，正在走下坡路，希望能够通过抢救的方式延续它的生命，所以叫作抢救记录。当时，记录是非常重要的方式，而其中的任务之一就叫抢救。抢救实际上是一个医学概念，指的是通过一定的医疗手段救护生命垂危的人，使他的生命能够得到延续。现在我们要"抢救"的是文化，但实际上抢救得了吗？而且，事实上我们也抢救不过来。这个概念在文化领域的运用一直延续到今天，针对的是岌岌可危的对象。抢救性保护就是要给保护对象一些特殊的条件、特殊的关注、特殊的措施，让它能够存在下去。但这是有问题的，比如说弓箭，弓箭在现代社会基本上没有太多的用处了。不过，它代表着我们人类历史的一个阶段。再比如说龙泉宝剑，虽然现在它的用处不大了，但是怎么做龙泉宝剑还是有意义的。我们经常会把这种保护叫作抢救性保护。

至于生产性是不是和抢救性保护有什么关系，我个人感觉两者之间的关系不大。手工艺的保护必须基于生产产品的过程，要有实践性的活动。"振兴传统工艺"的口号在某种意义刺激了手工艺的发展，因为这为做生产性保护提供了一个由头。比如瓷器、刺绣、印染、造纸等民间手工艺，在这个口号的影响下，在一段历史时期得到了很好的发展。所以后来在谈到所谓的保护方法和手段的时候，大家就列出来抢救性保护、生产性保护等，但实际上我们并没有很好地解释这些说法。文化生态保护区和其他的项目保护也会列出这些保护方法，甚至还包括立法保护、政策性保护，还有经济支持等，但是生产性保护包括哪些实际内容，或者抢救性保护都有什么实际内容，我们是比较模糊的，而且它们和其他的保护方式其实也没有什么太大的区别。比如，我们其他的保护方式里会提到建立传习所、培养传承人、带徒弟等，而这些也都在抢救性保护和生产性保护的范围里面。所以我觉得，我们在制定方针政策或方法的时候，有时还是不够细致，不够准确，不能够有的放矢。

非遗和中国使命

问：有学者提出非遗还肩负着一个很重要的使命，就是理顺国家与社会之间的关系，理顺这个历史问题。主要是世界承认中国的非遗工作做了很多努力，成绩很卓越，政府很重视，百姓喜闻乐见。您认为非遗工作，能不能达到很多学者认为的可以理顺国家与社会之间的关系，起到协调历史问题的作用？

刘魁立：非遗工作会发挥这方面的作用，但不能把它估计过高。它之所以会发挥一定的作用，是因为我觉得在某种意义上，比如说像公布传承人名录和非物质文化遗产名录这样的事情，虽然看似简单，好像是传承人的事情，或者是具体保护单位的事情，但实际上这个过程中也包含着底层社会和政府之间交流、合作的一个渠道。过去两者之间"你是你、我是我"，现在政府支持非遗保护工作，搭建了一个工作平台，和传承人建立了契约关系，过去可能只是和法律有关系的传承人，现在和政府也建立了联系。

所以，从这个角度来看非物质文化遗产在整个社会当中的意义，我们可以发现，它是国家和人民群众、社会群体之间相互联系的一个纽带，确实可以发挥您所提到的作用。但是我们不能说非遗工作可以解决这样或那样的问题，它解决不了那么多的问题。许多传承人深知自己的社会责任，有时候还要公开讲演，非常注重自己作为社会公众人物的形象。比如过世的梅葆玖，他露面时经常是西装革履，他说与其他名头相比，"非物质文化遗产代表性传承人"的称号对他来说特别重要。

这说明什么问题呢？说明传承人重视把政府和他自己联系起来的这个事情。但是，若说非遗一定可以解决政府和民众之间的特别关系，这很难说。它的作用主要体现在前面说的文化自觉的范畴里，传承人承担着民族的责任，或者是政府的责任。契约关系就是说传承人和政府订立了契约，我觉得，从这个意义上来说，它是可以发挥作用的，但一定要说它可以解决很多、很重大的问题，是不现实的。今后，"传承人"这个名字或许在地方上会非常响亮。另外，对于出国的传承人来说，"传承人"就是他对外交流时的一个身份，而这个身份是国家赋予他的一个特殊身份。我觉得，传承人和政府之间的这种关系可能有利于非遗更好地发挥您提到的这个作用。

问：您从国家内部讲非遗发挥的作用，那么从外部讲，中国和世界的关系上，非遗可以发挥作用吗？

刘魁立：我想同样有非常重要的影响。

大概有这么几个方面。如果是有所谓文化自信和文化自觉的话，非遗在这里面会起到非常重要的作用。如果我们对自己的传统没有非常好的认知、尊重和热爱的话，这种文化自觉和文化自信就很难建立起来。有些人总觉得外国的一切文化都高于自己的文化，但实际上不然。就像二十四节气，如果我们能够详细地把它说明的话，就会知道我们中国人很了不起。

除了文化自觉和文化自信之外，对内来说，我们还会热爱自己的传统，热爱老祖宗留下来的整个遗产。对外的话，还涉及所谓的软实力问题，就是我们可以通过非遗和他国相互交流，同样会赢得他们的赞誉。无论是对内，还是对外，非物质文化遗产在展示软实力方面都有着非常好的效果。我们的舞龙、舞狮子、太极拳就是非常典型的例子。太极拳在阴阳交换、交替的过程中，始终保持着一种我们和自然的关联，同时是自己内心的养生，包含着和谐、圆润，有道德完善和道德修养的含义。

像太极拳等非物质文化遗产体现的文化内涵，全世界的人都可能会接受，这样就会扩大它的影响。这些都说明非物质文化遗产在推动软实力建设、文化交流、文化欣赏，以及提升我们自己的文化自觉和文化自信等方面都会发挥非常重要的作用。

非遗与公共文化

问：与非遗有关的另外两个比较热的文化工程或者文化概念，一个是文化产业，像北大也是在非遗兴起的这个历史时期，成立了文化产业研究院，有一系列文化产业的蓬勃发展，他们中间的很多内容跟非遗文化是息息相关的。另外一个是2014年以后，政府提出的公共文化事业，在党的十九大之前的专题片，包括十九大报告中都屡屡提到关于公共文化建设，有不少学者在讨论非遗能不能作为一种公共文化，如果它可以作为一种公共文化，那么具体在公共文化服务体系，或者说在公共文化的集合体里面，它的位置是怎样的？想听听您的一些看法，非遗与文化产业，非遗与这几年政府主推的公共文化工程之间的关系。

刘魁立：对于这几个概念，比如文化产业，我之前没有做过专门的研究，也不是很懂。而关于刚才说到的公共文化服务，既是一个特别重要的文化服务渠道，也是一种管理的方式方法，这是政府历来在做的事情，比如剧团下乡、深入部队、到社区去服务等，类似的公共文化服务非常多。我对这几个概念都不是很清楚，我了解比较多的只是非物质文化遗产保护。

严格地说，非物质文化遗产保护是我们在这一领域活动中的自身的事情。如果我们把它作为一个公共文化服务项目，就等于说是把群众的一种日常生活方式拿来作为服务的手段，我感觉这是说不通的。另外，一部分非物质文化遗产本身是面对市场的，本身就是产业。不过作为产业的这部分非物质文化遗产所呈现的是其自身来完成市场需求的过程。所以，非物质文化遗产的保护和您提到的这些概念和领域不完全在一个平面上，是不同的话题。我比较了解的仅仅是非物质文化遗产保护领域的事情，虽然《非物质文化遗产法》也或多或少地体现了您提到的这些方面，但我所知不多，也很少会谈到它们之间的关系。

非遗的学科化

问：现在非遗成为很多高校的一个专业，非物质文化遗产研究已经不仅仅是学习、研究的内容，甚至成为一个专业方向。以前非遗更多是嫁接于民俗学，包括一些人类学的学者、社会学的学者也在做，现在非遗甚至可以成为一个相对独立的学科。对于非遗研究的学科化和人才培养，您是怎么看的？

刘魁立：这需要从两方面说，一是学科化，二是人才培养。

我先说人才培养，后面再说学科化。如果我们把非遗保护当成是一个特别重要的历史阶段的工作来看的话，我们现在确实需要有人来做这件事情，包括联合国教科文组织提到的保护工作，比如确认、建档、研究、维护、保护、促进、弘扬等工作都非常复杂，也比较难做，因此，人才培养是很重要的方面。再比如手工艺，如果我们将其视为非物质文化遗产的话，它就不再仅仅是一门手艺、一种工匠活动了，其性质中包含着历史意义，它的当代传承发展其实是历史链条当中的一个环节。这正体现着它作为非物质文化遗产的价值。过去，我们有专门做宣传、公共文化服务、摄影等方面的人才，现在他们能汇聚在非遗工作领域，是很好的一件事。总而言之，我们过去没有专门的一些人是学非遗的，所以培养人才特别重要。

至于我们现在要把非遗作为一个学术科目对象，视为一门独立的专门学科，我觉得现在的整体研究状况还不足以证明这一点。当然，这是我个人的看法，也许不对。我们或许会说非遗研究是历史研究，但和文献研究相比较，又不全然是；如果说它是传统文化研究的话，又不完全是文化学。所以，在我们还不是很清楚非遗研究的内部结构和体系性的时候，要给它定位一个范畴其实是很复杂的一件事情。非遗研究的对象很特殊，而这些对象又不仅仅是我们现在可以很方便地置于某一框架结构之下的。比如，节日研究主要是在民俗学领域；手工艺主要属于民间美术范畴，过去是由轻工业部门管；二十四节气，是由农业部门管的，但同时涉及天文知识领域。我们现在把它们一起称为非物质文化遗产，这个学问太庞杂了。我们把非遗作为一项工作来做，是没有问题的，作为传统文化结晶、"最高成就"来保护，也没问题，但是如果我们把它作为一门学问的话，需要说的方方面面的内容就太多了。有关自然界和宇宙的知识和实践、传统手工艺，甚至是范围稍小一些的中医药等，可以说，其中的任何一个领域都同时涉及好几门的学问。什么是非遗研究的基础知识，哪些是它的基本课程，我们到现在还没有搞清楚。比如，语言学的研究包括普通语言学、现代汉语、古代汉语等，再比如文字，从甲骨文一直发展下来都可以数清楚，但非物质文化遗产怎么"数"？所以，我想非遗研究大概还没有成熟到可以作为一个专门的学科的程度，它的研究对象很庞杂，所涉及的学科非常多，而且相应的研究方法等还都不够成熟。我们现在对非遗做一些一般性的解释是没有问题的，但是将其视为一门学科还是为时尚早，它并没有经过时代的锤炼，还没有发展出一个独立、完整的体系。所以，我要把您提到的这两个方面分开来说，我们现在需要人才培养，也需要建立起非遗研究的基础知识，这都是没有问题的，但是这些基础能不能成为一个专门的学术研究——咱们叫作学科——的对象，现在我没有一个成熟的意见。

问：紧接着的这个问题也是与此相关的。对于学术界而言，非遗还是一个新事物，但它势必会成为一个研究对象，就是要研究什么是非遗，非遗如何保护，甚至一些具体的非遗项目，这是学术工作者必须要面对的。但正像您刚刚谈到的，在学科建设上面，现在中国有一个相对完整清晰的体系，很难说非遗的研究应该是设立在哪个学科下面，或者说成为一个怎样的研究对象。那么，作为老一辈的研究者，您认为针对非遗的学术研究，我们应该要注意些什么？我们还可以做些什么工作？

刘魁立：大概有这么几个方面。第一个方面是针对具体项目的研究，应该说，我们在这方面已经有了比较成熟的经验。比如陶瓷，从陶瓷的发展历史到今天的陶瓷技艺，甚至是今后的发展方向，我们都可以说出一些经验来。也就是说，我们对陶瓷本身的研究没有特别大的问题。但是现在有另外一个名称叫非物质文化遗产研究，这是从陶瓷研究里面分立出来的一个特别的研究方向，于是就有了作为非遗的陶瓷研究。其他的类似研究也都可以采取这个办法。比如我们在前面讲到的饮食，过去可以把它当作烹饪学来研究，山东就有人专门研究孔府菜谱，但是我们现在可以把它当作非物质文化遗产项目进行具体研究，也会取得相当的成就。

正是因为出现了"非物质文化遗产"的说法，我们对于自己的传统比之前有了更多的关注。过去民俗学研究对二十四节气的关注较少，但现在已经变得特别特别的重要，近年来出版了一大批有关二十四节气的研究性或介绍性著作。所以，一旦有一个特殊的时机，我们给它一个新的名字，它的发展状况可能就会发生大的改变。就像我下面这个比喻，在张家做儿子的时候，没有在李家宣传得更厉害，于是李大方就比张大方"厉害"。之所以会出现这种情况，是因为在改换门庭的同时，他也有了一个特殊的生存条件，今后可能就会有更多的发展。

另外，我觉得，非物质文化遗产领域可能会对我们在文化传统上的建树有另外一个提升。文化传统包含了以下几方面的内容：它在社会生活中的地位问题，它在历史发展中的过程问题，以及它在今后整个文化发展上的作用问题。民俗学、民间工艺学等领域的研究往往对这些问题的关注和强调不多，但是它们会在非物质文化遗产研究领域得到比较允分的发展。这是我想说的它们在不同研究领域之间的发展问题。

第二个方面是我们中国和外国之间的经验问题。我们在很长的一段时间里都没有特别好地总结中国的经验，我们有必要通过某种方式做一些这样的总结，这就包含了像朝戈金、巴莫曲布嫫、高丙中这些人的努力，从而让我们很可能在这方面有所谓中国学派的声音。另外，我们在介绍国外方面还是做得不够，我们更多地是把现象说了出来，比如张三做了什么，李四在他们国家有什么贡献。但是，很多时候，我们对于自己的经验和他们对于我们的借鉴意义，总结的还不是很多。当然，也有可能是我的精力有限，还没能读到类似的内容，但我大体上的感觉是我们的借鉴还不够。另外，我觉得大家在一起的时候缺少一种所谓的"神仙会"，虽然我们常常开会，但是更多的是限于行政方面的行动，很少是天马行空的议论。我们很少有类似于今天访谈这样的机会，可以让大家放下手头的行政方面的工作，坐在一起研究这些所谓抽象的问题，把"象"抽出去，我们现在还仅仅是在"象"上工作。我觉得，我们今后可能还是有必要做一些学理性的研讨。

学者贡献和学术发展

问：非遗保护在中国发展的十几年，专家学者做了很多的工作。您作为专家委员会主任，也是最早进行非遗研究的学者，能不能给我们总结一下学界的贡献和成绩？对未来的非遗学术研究您有什么建议和期望？哪些方面应该更好地发展？

刘魁立：在这方面，专家学者大概有下面几方面的功绩。

第一方面，从作为整体的非物质文化遗产出发，或者是由全部项目构成的非物质文化遗产出发，学者们都深入讨论了非遗的内涵、功能、本质、社会历史地位，以及内在规律等。这也是学者的本质性工作。

第二方面，除了研究之外，学者还承担了另外的一些任务，比如宣传。宣传包括非遗的知识普及、社会动员等。现在除了偶尔有媒体参与非遗宣传外，还没有一批人专门地做这个事情。而且，媒体在一定意义上是在通过学者的研究来发声，并以此实现非遗的社会效益。

第三方面就是智力支持，即所谓的咨询。专家委员会的成员是来自各个领域的学者，提供的是对于非遗保护活动的规律性认识的咨询，也就是说，以智力的支持来指导非物质文化遗产保护活动。如果这样来看的话，专家学者的任务就是多层面的。首先是对于非遗保护活动有自己的认识，然后提供所谓智力方面的一种咨询，比如，针对政策提出一些相应的建议。其次是动员群众，在群众中推广非遗保护，通过媒体，使非遗产生巨大的社会影响。最后是自身的学术研究。这些都是专家学者可以做，而且能够做得好的事情。其中，对非遗保护的认识是做好这项工作的根本和基础，就是学者一定要对非物质文化遗产有本质性的、正确的认识。因为认识一旦错了，接下来的反应和动作会产生反面的影响。实事求是地说，我们有时候会在专家学者的队伍里面看到这样的一种情况。所以，这就需要学术群体能够创造一个很好的相互切磋的环境，大家彼此间可以互相批评与自我批评，营造出一种友好交流和讨论的局面，从而使得那些并不完全正确的认识得到进一步完善。

所以，我们所有的研究者都需要洁身自好，很认真地对待这个事情，而不是抱着其他不应有的一些诉求和目的。

如果一个人目的不纯、动机不纯，他对于非遗及其保护工作的理解就会偏离主旨，脱离对于事物本身的认识。我们只有对事物本身有正确的认识，才能够完成我们在前面提到的那几项任务，学者才能够在自己应该发挥作用的地方发挥作用。所以，我觉得，学者从事非遗领域工作的目的纯正、有正确的认识,才能够对事物有一个非常好的理解,对非遗进行深入的研究,很好地实践非遗的传播活动,以及对于非遗向前的发展方向有一个正确的判断。这样的话,学者才能够提出一些相应的建议。我觉得,这里面最最根本的原则就是这样两点:纯正的动机和正确的认识。只有认识正确,才能理解正确。

我认为,总体来说,学者群体在非物质文化遗产的理论建设上还是做了不少工作,也取得了相当不错的成绩。

问:您前面说到自己所做的非遗工作,就说到了公益性的事情。那么您所说的志愿者的精神,是不是用在学者群体身上也合适?

刘魁立:和传承人一样,学者们也应该有最起码的所谓社会责任感。

问:那您觉得非物质文化遗产的学术理论怎样才能更好地进步?

刘魁立:这个题目原先也是有的。但是从"遗产"的角度提出来,这是一个新的视角。对这个新的视角来说,不是所有人都能够对它有一个特别清楚的认识。在未来的一段时间里,大家还是需要不断地向前推进非物质文化遗产的学术理论建设。从某种意义上说，我们已经在推进非遗理论建设的工作了，大家也正在越来越多地从这个新的角度去重新认识一些问题。但是，如果因为大家的视角有了变化，开始更多地关注作为传统文化的非遗，就是说非遗已经发展成为一种所谓的"学科"，这是不一定的。从某种意义上说，我们现在的研究工作更多还是体现在操作的层面上，还没有完全理论化，使之形成一套体系。所以，如果我们要把它当作一个体系来认识，还需要努力。

问：是的。我认为非遗涉及的学科特别多，比如，研究节日这个方向的肯定跟研究手工艺，是不能混为一谈的。

刘魁立：我们应该知道两者的性质完全不一样。

问：所以在操作层面，学术上能够提出更多更好的意见或建议，这也许是亟须的。

刘魁立：是这样的。

第七章 非物质文化遗产保护的作用和发展

文化自觉和文化自信

问：您之前谈到对了传承人文化自觉的理解，其实不仅限于文化自觉，而是上升到"文化自信"。因为您对于文化自觉这个定义，还有使命感，已经不仅仅是文化自觉了。文化自觉这个概念是费老最先推崇的，现在已经进入到我们要不断推广文化自信这么一个时期了。我觉得您刚刚讲的给我是这样一个启发。

刘魁立：我觉得，文化自信本身就包含着文化自觉，不然的话，我们的文化自信就会变成一种缺乏基础的自傲和自大。而一旦这个"膨胀的气球"被捅破了之后，之前所谓的"自信"就会完全变成自卑，就失掉了它本身的意义。如果我们对于自己的文化传统、民间技艺，以及我们作为主体参与的非物质文化遗产有特别的认识，有非常高的觉悟的话，那么我们的自信就有充足的理由，可以说服他人、说服自己，是扎扎实实，永远推不翻、倒不了，我们可以永远坚持下去。所以，我觉得这二者之间是"一而二、二而一"的关系。当然，在体现文化自信的时候，会表现出我们对于他人的感觉和自我的感觉，而文化自觉是这种感觉的核心和基础。有了这个核心和基础，我们对自己和对别人的表现及其包含着的自信心，就会变得实实在在，这样的话，我们的文化自信就是结实的，是有根基的，是可以持续的。

中国的非遗保护和民族觉醒

问：中国在非遗保护这件事上做得很不错，在世界上也是比较有代表性。非遗在中国能够发展得这么迅速，您是怎么看待这种现象的？为什么咱们这么重视？

刘魁立：这有很多前因后果。

头一个，特别重要的因素，是我们今天所谓民族意识的觉醒。过去我们主要是政治方面，或者说是民族复兴角度的民族意识觉醒。但是现在我们突然感觉到中华文化的这种自觉，这种觉醒比任何历史时期来得都强烈。第二个因素，是我们经过了一段"痛定思痛"的时间。当我们与自己的文化传统割舍了太久，突然感觉到它的可贵，要重新把它拾起来。第三个因素，是我们在某种意义上已经厌倦了接受外国的洋东西。虽然我们接受外国事物的时间还不长，但是我们有时候会感到有些厌倦。我不知道其他人的感觉是怎么样的，但我自己感觉到，比如像肯德基、麦当劳、好莱坞电影，它们在20世纪90年代前后像倾盆大雨一样泼进来，但是这场大雨过后，我们开始逐渐地看淡了这些风靡一时的"新鲜事物"。于是我们的社会中出现了另外的一些现象，比如大家开始重新认识中餐，会拿街道上的煎饼果子和比萨进行比较。在比萨盛行了一段时间之后，大街上的煎饼果子突然又代替了比萨。另外，在某种意义上，中国非遗保护工作能够迅速推进和政府的主导也有关系。我们的很多文化传统曾经一度被打入"冷宫"，但是随着政府认可了它们的重要性，于是大家纷纷回过头去重新审视它们，忽然发现它们果真重要。这种觉醒和仅靠宣传产生的效果，是不一样的。这就好比是我们心里一直都有这样的一粒种子，在突然浇上水之后，便开始发芽了。这几个因素结合在一起，就产生了我们现在看到的这种新的状况。

此外，和很多国家相比，我国的传统文化历史非常悠久、积淀非常深厚。而且，有的国家流传至今且非常珍视的文化传统都在一定程度上受到中国的影响，这充分说明了中华文化的国际影响力。这种情势也在很大程度上刺激了我们通常所说的文化自觉和文化自信的萌生，于是我们非常快地就把这个事情推行了起来。我们的非遗保护工作和联合国教科文组织的理念是一致的。我们之所以会有今天这样的非遗保护举措和成就，是因为我们有了自信，不再把外国的一切都视作是先进的。我们清楚地认识到自己的历史如此厚实，证据之一就是我们的非遗。与前些年相比，我们的年和节得到了越来越多的重视，曾经热闹一时的许多洋节平静了许多，我们对自己的文化传统有了更深刻的认识和评价，也更加珍视、更加尊重它们。所以，其实我们研究这段历史、分析这段历史，与增强我们自己的文化自信是有关系的。

非遗保护和政府主导

问：接下来咱们顺着这个思路继续往下谈。有一点必须承认，就是中国的非遗保护工作中，政府的确起到了一个很重要的主导作用。比如在日本，或者其他一些国家，包括一些发展中国家，非遗保护工作很多是由地方社团、民间力量、民间组织进行经营和推动的。所以，接下来想听听您对于非遗的"中国经验"跟国际经验，或者说国际上您所了解的其他国家在非遗领域所做的工作，我们跟他们有哪些不同？有哪些国际经验，也许我们可以借鉴，我们有哪些经验，可以向外推广的？

刘魁立：在某种意义上，我算是中国非遗保护工作的局内人，也算局外人。我们过去在整个非遗保护的方略、政策里面，有过这样的口号，叫"政府主导，社会参与"。我对这件事情有这样的一个看法，就是传承的主体是传承人，但保护的主体不仅仅是传承人，同时有政府等其他行动方。所以，当说到非遗保护工作主体的时候，政府发挥着主导作用，不然的话也不会提出这个口号。非遗保护工作的布置和整个政策的制定与推行，靠的是政府，这是我们的国情。如果说经验的话，这就是我们的经验。如果非遗保护工作只靠号召，没有政府的大力推行，不创造相应的条件的话，是做不成的。更何况过去我们对于非物质文化遗产是不重视的，在某种意义上，不仅是老百姓自己的忽视，也是由于我们在意识形态方面存在着一定的缺陷，所以"解铃还需系铃人"。实事求是地说，我们过去在文化传统保护方面一直存在着不足，现在政府推动非物质文化遗产保护，实际上是把过去的局面做了彻底的改观。如果光靠号召，只说保护非遗特别特别的重要，是不行的，所以，提出"政府主导"也是必要的。

因而我觉得，非遗保护工作的"政府主导"是就这样的一个范畴而言的，它不是传承的主体，也做不到。比如说"年"，现在叫作"春节"，以及其他几个重大节日的保护，是文旅部推动的，但是文旅部怎么会保护"年"呢？到过年的时候，文旅部的大门是锁着的，有的办公室还贴着封条，绝大多数的人都回家了。但是，"春节"项目的申报和保护单位是文旅部，也就是说，它对于"年"作为非遗项目的保护负有责任。文旅部推动了"年"的保护，我们需要这样来理解"政府主导"的说法。又比如公布《国家级非物质文化遗产代表性项目名录》，谁公布呢？是最高国家行政机关国务院。"国家级非物质文化遗产代表性项目代表性传承人"是谁公布呢？是文旅部。这些都是政府在推动，政府是这方面工作的主导，是推动这项工作的积极力量和领导力量。

而传承当然要靠传承人。在非遗工作领域,政府和传承人分别承担着不同的责任,我们需要区分开来,"政府主导"指的是政府是这项工作的推动者,但是在非遗传承上,政府不是"主导",基本上还是要靠传承人本人。政府不会去制作蓝印花布,也不过年,"年"还是要我们自己过。在"过年"这件事上,我是传承人,你也是传承人。在某种意义上,非物质文化——不是非物质文化遗产——的传承是大家的事。我们在这里以语言为例,我们所有说中国话的人全是传承人,你会教自己的孩子说中国话,也会使用这种语言与他人交流,交流本身就是一种传承。

有的人在传承语言的过程中会造一些别人可能听不大懂的词,例如不明觉厉、酷、粉丝,这样的新词有很多,我说不太准。我觉得,创造一些新词可能没有太大的问题,但我们却忘记了很多带有美感的词汇。当然,我的见解未必正确,但是我觉得,我们在语言传承的工作上做得还不是很好。总之,"传承"的主体是传承人,传承非遗也是传承人的责任,而在保护工作的领导、组织、动员和推动方面,主体是政府。

如果谈到我们的经验对国际社会有什么可以借鉴的话,我觉得我们的非遗立法,我们的几个名录制度,以及现在我们正在推动的非遗进校园、传承人带徒弟、研培计划、生产性保护等都有比较良好的实践探索和经验总结。拿生产性保护来说,它实际上涉及的是非遗如何和市场建立一个和谐的协调关系,能够进入市场的非遗怎么保护它的基质本真性,而不是进入市场就随波逐流,我们在这方面的实践与探讨已经取得了不少成果。而且,我们地方上的非遗保护也有非常多的可以总结的经验。我觉得，我们全部经验里的核心是我们必须要对非物质文化遗产有一个正确的观念和认识，以及建立起我们自己的文化自觉和文化自信。如果我们能够做到这一点，其他的问题都会迎刃而解。

问：前面总结了中国的经验，也许我们可以给世界提供一个中国式的样本。那么在您的工作、研究中，世界上其他一些国家，像我们的近邻俄罗斯，或者日本，他们在非遗保护上是什么情况，或者有什么经验值得我们借鉴呢？

刘魁立：我觉得，日本、韩国在非遗保护工作中的重要经验，就是做这项工作一定要扎扎实实，按部就班。

但是我们有自己的国情，因为我们要快速把这件事情推向全国，迅速打开局面，所以推进的速度比较快，这就难免有些工作做得不是特别仔细。另外，我们在分析、总结这项工作时，也不是那么仔细。还有就是我们有时会因岗位调整等原因，使得在工作的延续性和一以贯之的推动和执行上还存在着一些不足。但是，从总体上来说，中国非遗保护路子走得还是不错的，还是相当稳定的。

让非物质文化遗产"自己走自己的路"，可能是他国在实践过程中的一条比较好的经验。有的时候，我们的主观意识会多一点，希望它快点推进，虽然这在某种意义上会让非物质文化遗产保护工作快走几步，但对"心脏"的压力也会比较大。

问题和不足

问：在过去的这十多年，或者说二十多年的时间里，您所经历的非遗工作中，有没有什么缺憾，或者说不足，或者说我们未来可以改进的一些方面？

刘魁立：我觉得如果有什么缺憾或不足的话，可能是我们对非物质文化遗产的本质性传播不够。

为什么说我们在这方面传播不够呢？因为很多人只看中热闹，没有很好地讲门道。通常大家说，非物质文化遗产很好、很重要，这是大家都知道的，但是怎么个重要法？我们可能不太清楚。虽然我们也很难让老百姓知道特别多的道理，但是一定要做宣传。现在普通民众的知识和智力水平都非常高，所以我们在非遗宣传工作上还是有非常多的事情要做。现在的问题是，我们还没有把非物质文化遗产本身的最基本的性质、特点，说得特别透彻，让大家能够特别地感受到它。

另外，现在的非物质文化遗产领域还存在着一些反面或者说是负面的情况，把我们的非遗保护工作庸俗化，或者说是表面化了。我们在这方面的工作上还是存在着一些缺憾的。

我觉得，我们当前推动的非遗保护工作，还是稍微稳当一点更好。我们把这么大的一项文化工程推进得如此之快，在某种意义上可能比我们高铁建设的速度还快。非遗保护的"中国速度"有目共睹，我们很快就接受了"非遗"这个新名词，这在过去是想都想不到的。而且，我们的非遗保护还包含着它的价值判断，要知道，在过去，不是所有人都会理会非遗、认可这是我们的宝贵财富。虽然，今天还是经常有人会说，"哎哟，这个、那个做得不够好"，但是，这并不是说非遗保护工作不该做，而是说具体的一件事情没有做好。就整体来说，非遗保护改变和端正了我们对传统文化的认识和评价，是一次文化领域的认识上的大飞跃，让我们的观念真正发生了一个非常巨大的转变。我觉得，这样来看的话，我们的工作出现这样或那样的问题，其实也是可以理解的。在某种意义上，这可能也是一种必然吧。

问：咱们国家有很多非遗，很丰富，内容很多，类别也很多。您觉得在这十几年的保护过程中，有没有哪一类非遗在保护方面有一些弱势？哪一类非遗应该更要加强保护，或者说以后应该更加强哪方面的工作？

刘魁立：现在在这些方面，我认为做得比较突出。应该这样说，中国在非物质文化遗产的保护方面所做出的成绩，在全世界来说，不仅是成绩显赫，而且在各个国家中口碑也比较好，我们所付出的努力和我们对它的特别的关注，都超过过去任何时代，也超过其他的国家和民族。我们向联合国教科文组织申报"人类非物质文化遗产代表作"项目，做得非常认真，而且在保护方面提出的措施和其他的一些制度，都是很了不起的。我们必须非常认真地总结这些方面的经验，别人也都称赞我们这方面的经验，认为我们的关注非常到位。我个人觉得，过去我们关注最多，而且做得也相当好的就是民间手工、民间传统工艺。这方面我们做得特别好，因为中国是一个大国，在这方面，历史给我们留下的遗产也特别多，这是一个。再有一个，我们在传统节日这方面，做得也相当好。这实际上增进了我们的爱国主义情怀。同时也会让我们更加热爱今天的生活，因为它直接把我们今天的生活和过去的传统生活联系起来了。

非物质文化遗产保护工作会促进社会和谐，促进大家对于文化本身的关注、对于传统的关注。我觉得，今后如果要是有所加强的话，应该在口头传承方面多加努力。另外，对于过去的仪式、观念等方面，包括我们和自然的关系，也需要分清轻重主次，给予更多的注意，要有所分析，在这方面引起关注。

问：我理解，好像脱离了物质的东西，就是物质性表示的东西弱一点的话，我们就好像……

刘魁立：差一点。我就觉得有时候是在道德修养方面，我们对这方面的关注还不够。比如说我们所谓的一些传统观念，仁义道德，是吧？对爱情的忠贞、敬老，对于孩子们的教育，在这一方面的道德修养需要加强。这些修养关系到人们各方面的社会关系，比如说医患之间的关系，同事之间的关系，长幼之间的关系，同事、同学之间的关系，所有的这些关系在非物质文化遗产领域都有非常多的表现。比如同乡、同族，比如过去有立族规、守族训，立家规、守家训的文化传统。但是现代对这些文化的关注度还不是特别够，或者是过去我们可能觉得这个东西不一定能够起到什么效果，但它确实是能改变人心的，这一部分今后应该多加关注。

成就和遗憾

问：我们引申一下。现在国家保护非物质文化遗产工作已经开展很多年，也有很多举措，但是还有一些需要完善的地方。比如这个项目化的问题，还有些可能是政策上需要改善的。您对此有没有建议或者看法，觉得有哪部分需要改善的。

刘魁立：我个人觉得，我们在非遗保护工作上取得的成就是非常显著的。我在过去没能想到就在这十几年的工夫里，我们几乎是完全改变了过去的观念，对于非物质文化遗产的这种关注、保护。所以我说了一句话，没有哪一个时代，也没有哪一个民族，像我们今天所做的这样，特别关注，而且是积极地致力于非物质文化遗产的保护。有一次，我在人民大会堂开会，钟敬文先生也是这样说的，没有哪一个时代和哪一个民族像今天这样特别关注和积极致力于让非物质文化遗产在我们整个的现实生活里发挥巨大影响、巨大作用。没有。一个特别简单的事情，当我们说要提出来保护哪一个项目的时候，那种积极性你根本想象不到。崇高的热情，积极的热情，那种投入是过去从来没有过的。所以，这个成就应该说是有目共睹的，而且它是会长时间地发生效用的。这是一个非常非常好的基础。

如果说现在还有一些需要改进的地方，相比起保护的力度和基础，就是我们在前进的过程中，有的时候会想到，这里我们还应该偏一点儿，那里我们还应该做一点儿矫正。比方说，对于民间手工艺的税收制度，现在还是把手工艺品当作商品来征税，那不行。你想想看，他如果编一个筐，完全是手工编一个罩，做一个所谓小的笼屉。但实际上花的功夫、所用的材料都是什么？你能把它和工厂里机器上生产出来的商品，完全一样对待吗？再加上中间环节，纳税能一样吗？所以，像这些方面，已经呼吁了多年，但是现在还没有能够取得成效。诸如此类，这些没有办法，都是过去留下来的事情。再比方说，我们现在如果不是以非遗项目来保护，就没有办法操作。那么就是在操作的过程中，我们怎么能够补救它？再比如说，我们许多的宣传、传承和传播之间的关系，我们现在还没有说得很清楚。

还有遗憾，没有把传播做到位。在很短的时间里，整个改变一个民族在相当长时间内被普遍忽略的东西，怎么说呢，消减了的那些原有观念，让这些被忽略的文化事象重新复兴起来。现在我们已经做得不错了，但我们还需要再努力。当然，也有一些问题，比如像我们制度性的文件，现在已经有了，但是（应该）怎么把这些制度贯彻起来，落实得更好。我们现在的传承人、我们的代表作名录，怎么通过这个几个名录，有序地去推进保护工作，让它们的价值和意义提高到一个相应的水平。这里面也有一些不足。比如，有的人把它看成是光荣榜，这种责任落实并不够。这些问题都是局部性的，或者是在目前的这段时期，在实践过程中遇到的问题，但这些问题都不是特别大。所以，我对于我们整个非物质文化遗产的保护非常有信心，也非常看好。

进步与完善

问：联合国教科文组织2015年通过了《保护非物质文化遗产伦理原则》。您对这一点有没有关注呢？您对这个伦理原则是怎么看的？

刘魁立：我差不多是第一时间就关注到这件事情了。我觉得，它在一定程度上来得有点晚了。因为当我们把非物质文化遗产项目化的时候，我们往往忽略了项目背后的人。即便我们没有忽略"人"，在一定意义上说，我们经常仅仅是把它视为项目，这个项目存在，但是我们并不特别地关注它，只是说"各社区、群体，有时是个人"等。在这个时候，我们实际上是把非遗的主体搁置在了一旁，而过多地言说项目本身，结果项目就变成了一个没有"人"的项目。

问：变成一个事情，对吗？

刘魁立：非遗项目及其背后的人是一体的，但是我们过去在一定程度上把"人"这个主体因素弱化了，或者说是我们认为"人"自然包含在其中，就没有给予特别的关注，这是项目化的一个不足之处。正是在这种情况下，提出了《保护非物质文化遗产伦理原则》（以下称为《伦理原则》），这是一个非常重要的补充和提醒。但是，在中国施行非物质文化遗产保护工作的过程中，在《伦理原则》出台之前，我们早就提出了另外一个问题，就是传承人名录。

《伦理原则》在某种意义上是对传承人名录制度进一步的说明和补充。而我们对于传承人的关注，实际上是做在了《伦理原则》前面。因此，我提到，其实我们在《伦理原则》出来之前，就已经意识到了这个问题。另外，我们还考虑了一个问题，就是文化生态保护区，因为除了项目之外，一定要有一个整体性的文化环境、文化空间来保证项目能够有一个正常发展的生态环境。不然的话，非物质文化遗产就不是在现实生活中存在的文化传统了。这涉及"场景"问题，非遗不是"摆设"，否则它就脱离了自己的生活环境，但是我们现在的项目保护基本上还是缺少整体性的考虑，这是不行的。所以，我们才提出了文化生态保护区的问题。到今天为止，我们仍然只是在《中华人民共和国非物质文化遗产法》里提到了区域性保护，没有将其提升到一个特别的高度，我最初提出来的"整体性"也是包含这些内容的。

我觉得，《伦理原则》中提出的对个人和社区的尊重，关注他们的意见表达，考虑他们的价值判断，这些都是特别重要的内容。

因为不同民族、不同社会环境、不同历史时代，会有不同的选择。另外，文化创造也难分高低。个别国家为什么不愿意批准加入《保护非物质文化遗产公约》呢，其中有非常多的"潜台词"。他们可能认为自己的文化先进发达，其他的都是落后民族的文化，没有资格与他们的文化并列在一起。但是，联合国教科文组织通过在全球推行非物质文化遗产保护工作，才让我们更加清楚地看到，原来我们由不同种族构成的整个人类社会，有着这么多令人惊叹的发明创造。另外，只有不同的文化之间能够做到相互尊重，才有所谓的可共享性。假定不尊重彼此，"你给我，我不要""我更不愿意学习你的东西"，那么我们是没有办法实现文化共享的。如果是这样的话，我们整个人类相互之间就会变得"老死不相往来"。所以，当我们把这些内容都放在一起来看的话，会发现非遗研究其实是一个非常严谨的体系性的知识，是从人类的视角来审视的文化问题。

问：非遗包括了很多的类别，有一部分是传统技艺，也有一些像中医或者武术这样的种类。我觉得在目前的非遗保护和发展中，这些并没有特别得到发展。所以，我想听听您的观点，或者说，它们是否没有达到这种很好的效果？以后需不需要在这部分当中有一个很好的发展呢？

刘魁立：说到中医，我要声明我完全是一个门外汉。但是，现在我对于中医有了一个新的、不同于过去的认识。中医不仅仅是一种针对疾病所采取的某种具体的治疗方法和手段，实际上还是一种哲学，是在哲学的理念下产生的一些具体的所谓"医药"的办法，包括"医"的办法和"药"的办法。假定说西医分析得很到位，我们就使用西医，叫做以解构方式来认识人体的问题。这里的"解构方式"指的是，我们人体包括几个比较大的系统，比如消化系统、神经系统、血液循环系统等，然后根据这一个基础来分析哪一个系统出现了什么样的问题。总体说来，这是一种"就事论事"的方式，是解构方式。

而中医是结构性和整体性地认识人和人体。比如人体和天、地、日、月，以及整个自然环境的关系。又比如一种疾病发生在某个季节，医生会把与这个疾病相关的症状与季节联系起来一起认识。另外，中医还把人体看成是一个整体。所以，中医的施症方法不是"头痛医头，脚痛医脚"。

中医把人的身体看成一个整体结构。如果一个人上火了，这个人可能需要解决的是人和自然的关系问题、整个饮食的问题。所以，中医在很多时候不是给人吃去火药，而是从与疾病相关的另外一个角度去分析治疗。当我们清楚了中医是基于一定的哲学的、宏观的基础，在整体上认识人和人的身体的时候，自然就会出现另外一些医疗办法。当然，我不否认中西医各有所长。但是，如果我们能够以这样的视角来认识中医的话，或许对待中医会是另外的一个态度。我觉得，这是我们祖国医学中的一个非常重要的认识问题，但过去一直没有被人类医学界给予特别关注。另外，如果单纯讲求"对症治疗"的话，有时会起到相反的效果。比如感冒、头疼，病人吃了止疼片，疼痛马上就止住了，但是这对于整个生命的延续过程会产生什么影响，也许我们并没有太关注这个问题。从总体上来说，中医的医疗观念却不是这样的。我觉得，中医不仅在今天是管用的，明天也还是管用的，尽管中医本身的医治效用可能并不如西医那么快。在很长的一段时间里，我们在认识中医的问题上，态度过于极端化。有些人经常以西医的标准批评中医不是科学，这在一定程度上导致了中医被忽视，甚至是被否定。除此以外，还有就是我们的医生可能只是学到了中医的若干部分，总体上并没有学到位，这就很容易耽误事，一旦出现误诊，会使我们对中医产生怀疑。另外，有时候，中医治疗的效果可能不会立竿见影，这也会让我们怀疑中医。总之，由于多方面的原因，我们对于中医的认识一直存在着许多误区。但是，随着近年来非物质文化遗产保护工作的开展，包括联合国教科文组织的提倡，以及我们在这一方面的努力，我国目前至少已经有两个与"中医"相关的项目列入了《人类非物质文化遗产代表作名录》，这在一定程度上正在改变着人们对于中医的偏颇看法。

头一个，就是我们的"中医针灸"。针灸列入《人类非物质文化遗产代表作名录》，在一定程度上，解决了中医的声誉问题，这是一个非常重要的问题。一旦有人还不能理解中医的话，比如他又恰巧落枕了，我们就给他在特定的穴位上针灸一下，立刻就可以解决他的这个问题。照理说，我们如果对于人体没有一个整体性的认识，其实很难通过针灸的方式解决问题，更不能做到"手到病除"。虽然中国针灸列入名录好像是一个很简单的举动，但这却一下子带动了我们对于中医的重新认识,在一定程度上也改变了整个世界对于中医的认识。

第二个是申报"藏医药浴法"。当时有人也对于藏医药浴中包含的毒性物质提出过疑问。但是实际上这种有毒的物质已经经过再提炼的过程,它与其他药物和人体病症之间存在着一个相辅相成的相互作用的关系,使得它已不再是有害的物质,而是变成了一种有利于医治疾病的药物。当然,我们目前对于这一药浴体系还没有进行很好的分析,可能其中包含的道理还不能说得特别通透。但是现在我们的"藏医药浴法"列入了联合国教科文组织的名录,这使得连同藏医在内的我们整个的中华医药都被世界关注起来。

除了人类非遗代表作名录外,在我们国家的整个非遗体系里面,中医药制作也代表着一个相当了不起的医学成就。我们有很多几百年的老字号,比如同仁堂,这些老字号研制了很多著名的方子和药物,比如定坤丹、安宫牛黄丸等,都有非常独特的配方,都列入了我们的国家级代表作名录,我们在这一块多做一些宣传应该说是有好处的。

另外,我们国家将"太极拳"申报为人类非物质文化遗产代表作项目讨论了七八次,目前已经提交到联合国教科文组织了。过去,我们对于太极拳拳法的宣传做的还是不错的。从某种意义上来说,包括武术在内的很多中国各级非遗项目在整个世界的声誉都是相当不错的。比如,各国的人们差不多都知道中国的"功夫",包括俄罗斯总统普京也在中国观赏过功夫。而且,美国还拍摄过《功夫熊猫》，这也是对中国武术的宣传。所以，应该说，中国在武术方面的成就是被世界所承认的。但是，我们现在怎么能够让武术在我们的现实生活里，在养生和体育锻炼方面发挥更多、更大的作用，如何让武术能够与年轻人的街舞、老年人的广场舞，以及其他的一些日常锻炼活动结合起来，这是一个值得思考的问题，我们今后还有许多工作要做。

后 记

非常荣幸为刘魁立先生做这本口述史。

刘魁立先生是我国著名的民间文艺学、民俗学、非物质文化遗产保护领域的大家，是至今仍活跃在学术一线的高龄学者。

犹记得，2009年，我筹备学术会议，邀请刘先生来参加。几天的接触中，刘先生的谦虚、严谨给我留下了深刻印象。在会议和活动中，为了方便照顾，我总是被安排和刘先生在一起，他称我们这个组合为"一老一小"。

这本书的形成经过精磨细造。成书过程，也是我跟刘先生学习的过程。通过围绕内容不断地访谈、交流、改进，他用实际行动影响了我，使我在学术上进步了许多。额外收获是，以这本书为契机，我和刘先生沟通和交流的机会多了，也促进了感情的加深。刘先生不仅是学术大家，也是一位亲切友善、讲究礼数的长辈，作为小辈儿，在做人做事上，我被言传身教地影响着。

刘先生精神矍铄，耳聪目明。一位86岁的老人，风尘仆仆，几乎每天都在忙，多么的不容易，我十分敬佩。希望刘先生健康长青，为学术发展做更多指导。

刘 勍

2020年春